Eco-socialisme ou barbarie selon André Gorz

Un hommage

Collection « Ouverture philosophique »
Série « Bibliothèque »
dirigée par
Jean-Marc Lachaud et Bruno Péquignot

Une collection d'ouvrages qui se propose d'accueillir des travaux originaux sans exclusive d'écoles ou de thématiques. Il s'agit de favoriser la confrontation de recherches et des réflexions, qu'elles soient le fait de philosophes « professionnels » ou non. On n'y confondra donc pas la philosophie avec une discipline académique ; elle est réputée être le fait de tous ceux qu'habite la passion de penser, qu'ils soient professeurs de philosophie, spécialistes des sciences humaines, sociales ou naturelles, ou… polisseurs de verres de lunettes astronomiques.

La série « Bibliothèque » comporte des ouvrages qui inaugurent ou complètent la connaissance des philosophes en explorant leur problématique, leur argumentation et leur héritage.

Dernières parutions

Paul DUBOUCHET, *Critique des sciences humaines chez René Girard. Aristote à Viverols*, 2024.
Pascal GAUDET, *Humanité et liberté. L'éthique selon Kant*, 2023.
Yvan MORIN, *Ficin et la modernité. S'élancer avec la Terre au Ciel, une si humaine symbolisation*, 2023.
Saeb ELAMAMI, *Crise des fondements des mathématiques. Russell, critique de Kant*, 2023.
François DOYON, *Être et vérité. Les origines platoniciennes de l'herméneutique de Hans-Georg Gadamer*, 2023.
Pierre ZANGA, *De l'éthique chrétienne à l'éthique philosophique. Une question de métaphysique*, 2023.
Crispin SOLULA MASUNDA, *Rationalité et communication chez Jürgen Habermas. Approche critique et contextualisée*, 2023.
Isabelle RAVIOLO, *Vers l'empreinte incréée*, 2023.
Pascal GAUDET, *Kant et l'éthique de la pensée*, 2023.
Joël BIENFAIT, *Rousseau et la tentative philosophique. Croyance et coût de Dieu. Essai d'Analyse ontologique*, 2023.

Arno Münster

Eco-socialisme ou barbarie selon André Gorz

Un hommage

© L'Harmattan, 2024
5-7, rue de l'École-Polytechnique, 75005 Paris
http://www.editions-harmattan.fr
ISBN : 978-2-336-43104-8
EAN : 9782336431048

Mes remerciements à Camille

Avant-propos

Nous vivons aujourd'hui, incontestablement, une époque de déstabilisations, de grandes inquiétudes, de guerres, de dévastations, de radicalisations, de catastrophes climatiques, de changements profonds et de transitions d'une ampleur vertigineuse telle qu'on pourrait presque en conclure, sans pour autant être automatiquement classé comme un adhérent officiel de la « collapsologie » ou d'un quelconque « prophétisme apocalyptique » à la Günther Anders, que l'humanité tout entière soit désormais désespérément engagée sur la voie de l'abîme et de son auto-destruction inévitable, à cause des erreurs politiques, à cause du fanatisme des hyper-nationalismes aveuglés par « l'identitarisme », à cause de l'explosion de l'intolérance et de la haine, à cause de la cruauté des terroristes, allant jusqu'à l'assassinat d'un grand nombre de civils innocents (y compris des femmes et des enfants sans défense), et aussi à cause de la *démesure* des moyens technologiques employés de part et d'autre, dans ces guerres,et surtout à cause de l'incapacité des antagonistes politiques engagés dans ces conflits meurtriers, déchirant le globe (comme par exemple le conflit russo-ukrainien et/ou israélo-palestinien), de dialoguer... C'est comme si quatre-vingts ans après la diffusion de la vision pessimiste benjaminienne, dans ses *Thèses sur le concept d'Histoire* (1940)[1], la croyance dans

---

[1] Cf. Walter Benjamin, *Sur le concept d'histoire*, Thèse IX, trad. par Maurice de Gandillac, revue par Pierre Rusch, in : *Oeuvres* III, Gallimard « Folio »,2000, p. 434. (A propos du tableau de Paul Klee « Angelus Novus », retenons seulement ce qu'écrit Benjamin au sujet de « l'Ange de l'Histoire » : « Son visage est tourné vers le passé. Là où nous apparaît une chaîne d'événements, il ne voit, lui, qu'*une seule et unique castastrophe qui sans cesse amoncelle ruines sur ruines* et les précipite à ses pieds. Il voudrait bien s'attarder, réveiller les morts et rassembler ce qui a été démembré. Mais du paradis souffle une tempête

le progrès héritée des Lumières qui avait été si longtemps le fondement de toutes les politiques et espérances de gauche, s'effondrait maintenant, brusquement, face à la perception des montagnes de cadavres et de ruines de villes entières détruites et rasées qui ne cessent d'augmenter chaque jour, face à l'accroissement des nettoyages ethniques, à la recrudescence des actes antisémites, au Proche Orient et en Europe, et à la régression de la démocratie, à l'échelle mondiale, par la multiplication de régimes autoritaires et totalitaires [2]. André Gorz figure parmi les rares intellectuels qui avaient bien vu et perçu depuis longtemps que notre civilisation fondée sur l'industrialisme et le productivisme se trouve maintenant bien à la croisée des chemins, à savoir devant le nécessité de choisir soit une société autre, avec une économie autre, celle de la décroissance, de la sobriété et de la convivialité, ou bien ce sera alorsla chute dans la barbarie... Mais pour éviter cette chute dans la barbarie (pour laquelle il y a, en ce moment même, hélas, déjà beaucoup de signes annonciateurs (cf. la situation alarmante dans laquelle se trouvent aussi déjà maintenant la plupart des pays d'Afrique et du Proche Orient !), il faudrait qu'on tire vraiment rapidement le « frein d'urgence ».[3]

Or, parmi ceux qui, comme Günther Anders, avaient donné l'alerte et constamment mis en garde, dans leurs écrits, sur

---

qui s'est prise dans ses ailes, si violemment que l'ange ne peut plus les refermer. Cette tempête le pousse irrésistiblement vers l'avenir auquel il tourne le dos, tandis que le monceau de ruines devant lui s'élève jusqu'au ciel. Cette tempête est ce que nous appelons le *progrès.* »(Op.cit., p. 434).

[2]Aujourd'hui, il n'y a que 13 % de la population mondiale (!) qui vit sous un régime démocratique, respectant les libertés et les droits de l'homme.

[3]C. Sylvestre Huet (Préface de Jean Jouzel), LE GIEC. URGENCE CLIMAT (Le rapport incontestable expliqué à tous),Ed. Tallandier, Paris,2023.

la probabilité de l'avènement d'une telle catastrophe, figure André Gorz qui, comme un des meilleurs analystes des crises que ont traversé nos sociétés, à l'époque de la mondialisation du capitalisme néo-libéral, comme philosophe, journaliste et écrivain, avait prévu, dans un de ces derniers textes[4], la venue de la crise des « subprimes » aux Etats-Unis, avec son cortège de la faillite des banques, ainsi que la catastrophe climatique causée par l'augmentation excessive des émissions de gaz à effet de serre (CO_2); comme il avait aussi mis en garde, jusqu'à la fin, contre les dangers causés par l'option française pour le « tout nucléaire », menaçant l'écosphère par sa production excessive de déchets radio-actifs extrêmement dangereux pour lesquels le problème du stockage n'a toujours pas été résolu...
Lorsque André Gorz est décédé, à l'âge de 84 ans, en se suicidant, avec son épouse Dorine Keir, le 22 septembre 2007, à Vosnos, un petit village de 200 habitants, situé près de Troyes, dans le département de l'Aube, les mass-média audio-visuels français n'en ont presque pas tenu compte, à la noble exception de « France Culture » qui a diffusé la triste nouvelle, le lendemain, dans l'édition de son journal de midi ; et il n'y avait qu'un petit groupe composé de ses amis les plus proches qui, quelques jours plus tard, ont assisté à sa crémation et à la dispersion de ses cendres, par la mairesse du village, selon les dernières volontés du défunt, dans le jardin du défunt, sur la pelouse entourant sa maison, où Gorz, ces dernières années, avait planté beaucoup d'arbres ...Et pourtant, celui qui peut être considéré comme le véritable fondateur, avec René Dumont, à partir des années 1970, en France et en Europe, du grand projet politique écologiste dont la France et l'Europe avaient absolument besoin pour sortir de la crise et qui

---

[4]Cf. André Gorz, « La sortie du capitalisme a déjà commencé », in ECOREV n° 28, Paris, automne 2007.

depuis n'a cessé de se développer, tout en se cristallisant dans divers courants, tendances et partis écologiques (dont certains se réclament ouvertement de ses thèses) était un grand philosophe, écrivain, essayiste et journaliste, aussi un grand *témoin critique* de son époque qui, grandi à l'ombre de Sartre, avait tout à fait la stature, le format d'un « grand intellectuel » très engagé dont l'œuvre – traduite dans un très grand nombre de langues – ne cesse de briller sur la scène internationale, écologique et philosophique, encore aujourd'hui...

Mais cette œuvre est celle d'un émigré autrichien, fils d'un père juif converti au catholicisme et d'une mère allemande chrétienne, secrétaire. Fasciné par l'œuvre et la pensée de Jean-Paul Sartre, il était venu s'installer en France, en 1949, après avoir passé dix ans (de 1939 à 1949) en Suisse, tout d'abord dans une institution catholique située dans le canton du Grison, en Suisse-Allemande, puis (de 1942-1949), à Lausanne, où il a fréquenté *L'Ecole Polytechnique* des Ingénieurs et où il avait acquis, en 1944, le diplôme d'ingénieur chimiste. L'événement majeur de sa vie sera la rencontre personnelle avec Sartre, en 1947, à Lausanne, lors d'une tournée de conférences que Sartre donna en Suisse Romande. A Lausanne il avait également rencontré, en 1947, Doreen Keir, une actrice anglaise, qu'il épousera en 1949.

Ce qui le fascinait dans l'œuvre de Sartre, notamment dans sa lecture passionnée de *L'Être et le Néant* (1943), c'était la radicalité de l'analyse ontologico-existentielle sartrienne : « Dès que j'ai découvert *L'Être et le Néant*, j'ai eu le sentiment que ce que Sartre disait de la condition ontologique de l'homme correspondait à mon expérience. J'avais fait dès ma première enfance l'expérience de tous les « existentiaux » - l'angoisse, l'ennui, la certitude de n'être là pour rien, de ne pas correspondre à ce que les autres attendaient de moi, de ne pas me faire comprendre d'eux.

L'expérience, en somme, de la contingence, de l'injustifiabilité, de la solitude de tout sujet. »[5] Contrairement à Heidegger qui se focalise, dans *Sein und Zeit*, sur « l'angoisse » et le « souci », comme principaux existentiaux du « Dasein » se temporalisant dans le monde, Gorz va mettre cette question de la naissance de l'être-sujet, dans sa conflictualité avec l'environnement, avec le monde extérieur, avec l'Education, avec les parents, avec toutes ces instances répressives imposant, avec force et violence, leurs valeurs au Moi-Je émergeant dans le monde, au centre même de ses propres réflexions philosophiques, pour parvenir finalement à la conclusion : « Ce n'est pas « je » qui agit, c'est la logique automatisée des agencements sociaux qui agit à travers moi en tant qu'Autre, me fait concourir à la production et reproduction de la mégamachine sociale. C'est elle le véritable sujet. Sa domination s'exerce sur les membres des couches dominantes aussi bien que sur les dominés. Les dominants ne dominent que pour autant qu'ils la servent en loyaux fonctionnaires. C'est dans ses interstices, ses ratés, ses marges seulement que surgissent des sujets autonomes par lesquels la question morale peut se poser. A son origine, il y a toujours cet acte fondateur du *sujet* qu'est la *rébellion* contre ce que la société me fait faire ou subir (…). La question du sujet est donc la même chose que la question morale. Elle est au fondement à la fois de l'éthique et de la politique. Car elle met nécessairement en cause toutes les formes et tous les moyens de domination, c'est-à-dire tout ce qui empêche les hommes de se conduire comme des sujets et de poursuivre le libre épanouissement de leur individualité comme leur fin commune. »[6] Or, le sujet, notre subjectivité, estime Gorz, est dominée non seulement par ces structures sociales

---

[5] André Gorz, Entretien avec Marc Robert, in : Ecologica, Galilée, Paris, 2008, p. 11.
[6] Op.cit., p. 13.

hiérarchisées et violentes, mais aussi « dans notre travail, dans nos besoins, dans nos désirs, nos pensées et l'image que nous avons de nous-mêmes(…). C'est par la critique du modèle de consommation opulent que je suis devenu écologiste avant la lettre. »[7]

Mais que veut vraiment dire « écologie » pour André Gorz ? Rappelons tout d'abord que le concept d'écologie a été inventé et employé pour la première fois par le biologiste allemand Ernst Haeckel, en 1866, le fondateur d'une écologie scientifique, conçue comme la science du rapport des organismes naturels avec leur environnement. Pour Haeckel, l'écologie n'était donc rien d'autre qu'une sous-discipline de la biologie. C'est en adhérant totalement à l'idéologie et à l'idéal scientifique du 19e siècle que Haeckel n'envisagea rien d'autre que l'esquisse d'une « science vouée à la description des processus naturels et à leur explication théorique nomologique. »[8]

A cette écologie scientifique, Gorz oppose, assez radicalement, la vision et la théorie d'une écologie politique, articulée à la critique du capitalisme, du productivisme et du modèle de la consommation opulente, et définie plutôt comme « l'exigence éthique d'émancipation du sujet » destinée à approfondir et à radicaliser encore davantage cette critique du capitalisme. Autrement dit, selon Gorz, « l'écologie n'a toute sa charge critique et éthique que si les dévastations de la Terre, la destruction des bases naturelles de la vie sont comprises comme les conséquences d'un mode de production ; et que ce mode de production exige la maximalisation des rendements et recourt à des techniques qui violent les équilibres biologiques. Je tiens donc que la critique des techniques dans lesquelles la domination sur les hommes et sur la nature s'incarne est une

---

[7] Op.cit., p. 13-14.
[8] Cf. D. Birnbacher, *Ökosophie,* Reclam, Leipzig 1997. Cf. Arno Münster, *Pour un socialisme vert*, Lignes, 2012, p. 27.

des dimensions essentielles d'une éthique de la libération. »[9] En s'inspirant d'Illich, Gorz fait la distinction entre deux types de techniques, les technologies « ouvertes » et les technologies « verrous » qui sont celles qui « asservissent l'usager, programment ses opérations, monopolisent l'offre d'un produit ou service. », tandis que les technologies « ouvertes » sont celles qui « favorisent la communication, la coopération, l'interaction, comme le téléphone ou, actuellement, les réseaux et les logiciels libres. »[10]

En empruntant à Illich les concepts de « méga-technologies », ces « monuments à la domination de la nature, qui dépossèdent les hommes de leur milieu de vie et les soumettent eux-mêmes à la domination »[11], ainsi que les concepts d'autonomie, de coopération et de convi-vialité, Gorz ne cesse de souligner que la crise du système économique actuel, à savoir du capitalisme développé de notre époque, s'exprime bien dans le paradoxe que « plus la productivité augmente selon la logique immanente du système de profit, « plus le système évolue vers une limite interne où la production et l'investissement dans la production cessent d'être assez rentables. »[12]

En outre, « l'économie réelle devient (de plus en plus) un appendice des bulles spéculatives entretenues par l'industrie financière. Jusqu'au moment, inévitable, où les bulles éclatent, entraînant les banques dans des faillites en chaîne, menaçant le système mondial de crédit d'effondrement, l'économie réelle d'une dépression sévère et prolongée. »[13]

« Prétendre redistribuer par voie d'imposition les plus-

---

[9] André Gorz, *Ecologica*, Introduction *(Entretien avec Marc Robert)*, Galilée, 2008, p.15.
[10] Op.cit., p. 16.
[11] Ibidem.
[12] Op.cit., p. 26.
[13] Op.cit., p. 28.

values fictives des bulles précipiterait cela même que l'industrie financière cherche à éviter : la dévalorisation des masses gigantesques d'actifs financiers et la faillite du système bancaire. »[14]
Selon Gorz, le sens fondamental d'une politique éco-sociale (voire éco-socialiste) telle qu'elle émerge aujourd'hui dans l'écologie politique est, conformément au mot d'ordre « Produire moins mais mieux » et à celui de la « sobriété », de « rétablir politiquement la corrélation entre moins de travail et moins de consommation d'une part, plus d'autonomie et plus de sécurité existentielles, d'autre part, pour chacun et chacune. Il s'agit de garantir institutionnellement aux individus qu'une réduction générale de la durée de travail ouvrira à tous les avantages que chacun pouvait en obtenir jadis pour lui-même : une vie plus libre, plus détendue et plus riche. L'autolimitation se déplace ainsi du niveau du choix individuel au niveau du projet social. » Il s'agit, en bref, de réorganiser le travail hebdomadaire, dans les usines et entreprises, par une réduction drastique du temps de travail hebdomadaire « de manière que tout le monde puisse travailler et travailler à la fois moins et mieux ; à créer des espaces d'autonomie dans lesquels le temps libéré du travail puisse être employé par les individus à des activités de leurs choix, y compris par les autoproductions de biens et de services qui réduiront leur dépendance du marché (…) et leur permettront de reconstituer un tissu de solidarités et de socialités vécues, fait de réseaux d'aide mutuelle, d'échange de service, de coopératives informelles. »[15] Il s'agira aussi, pour Gorz, de repenser l'architecture et l'urbanisme, le rapport ville-campagne, pour « favoriser les échanges auto-organisés. »[16] en ce qui concerne les déplacements urbains,

---

[14]Op.cit.,p. 29.
[15]Op.cit., p. 68.
[16]Ibidem.

il faudrait renoncer, progressi-vement, et Gorz étant sur ce point précis toujours en accord quasi total avec Ivan Illich, à l'automobile, à la voiture privée, à savoir à la « bagnole », la raison principale de la pollution excessive de nos villes, et la remplacer, au maximum, par des transports publics collectifs, autrement dit, par des autobus électriques.[17] En complétant ces propositions radicales par la revendication de la création d'un Revenu d'existence garanti pour tous les citoyens, avec comme contre-partie l'engagement des individus à exercer une activité, sous la forme d'un travail social de 20 000 heures, pour une durée de cinq ans, Gorz a, incontestablement, contribué à enrichir les débats programmatiques des socialistes et de écologistes, en France, en Allemagne et un peu partout en Europe, tout en prenant le risque de se faire accuser, par les partisans d'un pragmatisme réformateur, au sein même de la gauche et aussi par la droite conservatrice d' «utopisme » et de manque de « réalisme ». Et même si le candidat socialiste aux élections présidentielles de l'année 2017, Benoît Hamon, qui s'était inspiré de ces revendications, n'a fait qu'un score décevant, ces propositions – qu'André Gorz a d'ailleurs défendu, courageusement, jusqu'à la fin de sa vie, mais en y apportant quelques « nuances », en précisant que le seul moyen réaliste de financer ce Revenu d'existence serait de « faire payer les riches », – sont en un sens toujours d' « actualité », malgré les énormes difficultés budgétaires pour les Etats concernés de pouvoir mobiliser les fonds financières nécessaires pour financer ce revenu (entre autres, aussi, à cause de l'augmentation inévitable des budgets de la Défense, à cause de la guerre en Ukraine et des autres conflits dans le monde).
Dans le présent ouvrage, né dans le contexte de la commémoration du centenaire de la naissance du

---

[17] Cf. André Gorz, « L'idéologie de la bagnole » in : Gorz/Bosquet, *Ecologie et Politique, Le Seuil, Paris, 1975.*

philosophe-journaliste-écrivain franco-autrichien, en 2023, nous nous sommes fixé l'objectif d'explorer en profondeur : (1) les rapports théoriques manifestes et même décisifs existant entre André Gorz et *Ivan Illich*[18], cet autre grand penseur de l'écologie politique et fondateur, au Mexique, du Centre Interculturel de Documentation (CIDOC) qui, avec son analyse critique de la société industrielle, de l'école, de l'hôpital et du système de santé et avec sa théorie de la « convivialité », avait exercé, à partir de l'année 1971, une influence forte et même déterminante sur la pensée écologique gorzienne dont les débuts philosophiques avaient été fortement marqués (Cf. A. Gorz, *Fondements pour une morale, 1977)* par l'appropriation des idées majeures de l'existentialisme ontologique sartrien et sa focalisation sur les concepts de *liberté,* de *sérialité, d'aliénation* et de *praxis (Cf. Sartre, Critique de la raison dialectique, 1960),* et (2) ses rapports – parfois difficiles et « brouillés » mais jamais complètement négatifs - *avec Marx* qui, même si Gorz avait pris, dans *Adieux au prolétariat* (1980), ses distances à l'égard de la canonisation/dogmatisation de la théorie marxienne du *prolétariat* comme principale force sociale d'un mouvement d'émancipation capable de briser les chaînes du mode de production capitaliste par un acte de révolte collective et d'appropriation des moyens de production (ce qui selon Marx devrait permettre de réaliser le passage du royaume de la nécessité dans le royaume de la liberté), n'a jamais réellement – c'est notre thèse – abandonné Marx, vu que ses ouvrages ultérieurs comportent, malgré le tournant définitif de Gorz vers l'écologie politique, toujours de nombreuses références positives à Marx, non seulement aux *Grundrisse* (1857) (Esquisses d'une critique de l'économie politique), mais aussi au « Capital », et notamment aux passages du

---

[18]Cf. Ivan Illich, *La convivialité.Préface inédite d'Hervé Kempf,* Ed. du Seuil, Paris 1973, rééd. 2021.

Tome 1 du *Capital* où il est question de la *destructivité* et du *productivisme du capitalisme*, avec des références explicites aux dangers écologiques que représentent les projets de la mécanisation et de l'industrialisation de l'agriculture.[19] Mais il s'agit là, tenons-nous à préciser, toujours de l'attachement de Gorz à un « marxisme sélectif » (Cf. Michael Löwy[20]), prenant ses distances à la fois à l'égard du « marxisme-léninisme » du stalinisme et du maoïsme. Dans le cadre de cette étude, nous nous efforcerons aussi de démontrer que Gorz, avec sa construction d'une *utopie écologique et sociale* pour « l'après-capitalisme », était à priori très « sceptique » à l'égard des partis politiques (trop bureaucratisés) et du « jeu » de ces partis sur l'échiquier politique des nations industrialisées démocratiques, fonctionnant comme des « agences électorales », place en effet toutes ses espérances plutôt sur les forces mobilisatrices des syndicats proches de la gauche socialiste, à savoir, en ce qui concerne la France, de la CFDT, sur la CGCIL, en Italie, et, en Allemagne, sur le puissant syndicat des métallurgistes IG-Métall, tout en critiquant aussi en même temps la bureaucratisation des appareils syndicaux et en souhaitant vivement la possible transformation de ces syndicats en un mouvement de masse révolutionnaire poursuivant le but de l'instauration d'un socialisme démocratique auto-gestionnaire.[21]

---

[19]Cf. Karl Marx, *Das Kapital. Erster Band,* 4e Section « Production de la plus-value relative », Dietz-Verlag, Berlin 1968, p. 528-529.
[20]Cf. Michael Löwy, «Le marxisme d'André Gorz »,in : ECOREV n° 45 « André Gorz, une pensée vivante », Paris 2017, p. 105 -115.
[21]Cf. André Gorz/Michel Bosquet, *Ecologie et politique*, Galilée, 975, Le Seuil, Paris, 1978, p. 248.

I
Eco-socialisme ou barbarie :
l'utopie gorzienne d'une autre société, coopérative et conviviale

Voici l'utopie d'André Gorz d'une alternative écologique, autonome, conviviale et coopérative au capitalisme destructeur de la nature : avec André Gorz, décédé le 22 septembre 2007 à Vosnos, près de Troyes en France, dans le département de l'Aube, à l'âge de 84 ans, l'un des plus grands théoriciens du mouvement écologiste, du socialisme et en même temps un grand journaliste critique, essayiste, philosophe et témoin critique de notre époque, nous a quittés, un penseur qui, avec ses diagnostics et analyses critiques, avec ses articles, ses interviews et ses livres, traduits dans de nombreuses langues, a apporté une contribution significative, décisive et spectaculaire au grand mouvement écologique qui s'est déployé dans notre société au cours des cinq dernières décennies et qui n'est toujours pas achevé, dans la mesure où la crise climatique et énergétique est devenue une force motrice majeure dans le processus de basculement et de transformation de notre économie fondée sur l'exploitation des énergies fossiles, une transformation qui pourrait bien signifier que nous sommes désormais entrés dans une nouvelle phase de transformation du capitalisme néo-libéral avancé et globalisé, annonçant peut-être déjà pour l'avenir une nouvelle civilisation, au-delà de l' économie du marché, ou bien, si tout va mal, une rechute dans la *barbarie*. Vu sous cet angle, André Gorz, l'ami de Sartre et fondateur, avec René Dumont, de l'écologie politique, était en quelque sorte un prophète, c'est-à-dire un visionnaire dont les prédictions sont aujourd'hui largement confirmées et dont les conseils ont toujours une grande importance.

Moi-même, j'ai eu la chance de rencontrer André Gorz, personnellement, à Paris, dans les années 1970, je lui dois en effet beaucoup, et surtout mon propre virage vers l'écologie politique dont il était le principal théoricien en France et en Europe, avec René Dumont, partageant avec lui la conviction ferme et l'effort d'articuler l'objectif d'un socialisme démocratique fondé sur l'auto-gestion réalisant la justice sociale avec les exigences d'un renouvellement et d'une transformation écologique de la société, à savoir d'une société vraiment libre, égalitaire et juste, permettant, sur la base d'une réforme radicale de l'économie, le déploiement maximal des forces et potentialités créatrices des citoyennes et des citoyens, non pas dans la perspective de ce que Wolfgang Harich appelait une « *éco-dictature* » mais dans l'esprit d'un éco-socialisme démocratique coopératif et convivial qui, après la libération des travailleurs des chaînes du mode de production capitaliste, garantirait aux producteurs un maximum de liberté, d'autonomie et d'activité créatrice, dans le cadre d'un système coopératif et autonome. C'est exactement ce que nous a appris André Gorz, dont les livres Écologie *et politique* [22](1975) ainsi que son livre *Adieu au prolétariat* [23] (1980) étaient devenus des « best-sellers », il y a exactement quarante ans. Il ne relevait pas du tout du hasard que dès le premier entretien personnel que j'ai eu avec Gore, à Paris, en 1973, Gore me parla déjà d'Ivan Illich[24], que je ne connaissais pas encore, de ce grand critique de la société industrielle, de la médicalisation et de

---

[22] Cf. André Gorz/Michel Bosquet, *Ecologie et Politique*, Galilée, Paris, 1975, 1977, Le Seuil, Paris, 1978.
[23] Cf. André Gorz, *Adieux au Prolétariat.Au-delà du socialisme,* Galilée, Paris, 1980.
[24] Cf. Ivan Illich, *Némésis médicale. L'expropriation de la santé. Préface de Jean-Pierre Dupuy,* Le Seuil, Paris, 1975 ; « Points Essais » n° 122, 1981 ; rééd. 2021 ; du même auteur : *La convivialité. Préface d'Hervé Kempf,* Le Seuil, Paris, 1973 ; *Une société sans école,* Le Seuil, Paris, 1971, rééd. 1980 et 2015.

« l'expropriation de la santé » dans nos sociétés de consommation et de ce grand penseur de la « convivialité que Gorz a ultérieurement encore rencontré en 1973 au Mexique, à Cuernavaca [25], et qui avait effectivement exercé une assez grande influence théorique sur lui-même.

Notre rencontre personnelle, à Paris, en 1973, s'est rapidement transformée en une relation relativement amicale qui a duré plusieurs années. Gorz a été très intéressé par mes analyses et reportages sur le Front Populaire (« Unidad Popular ») au Chili, sur Salvador Allende et sur les luttes politiques et sociales radicales dans ce pays andin, et en tant que partisan d'un « réformisme révolutionnaire », il m'avait proposé d'écrire un article pour la revue « *Les Temps Modernes* », qu'il dirigeait au nom de Jean-Paul Sartre. Lorsque l'article parut, en septembre 1973, le gouvernement du « Front populaire » chilien avait déjà été renversé par le coup d'État fasciste du général Pinochet ("golpe del Estado") du 11 septembre et Allende s'était suicidé dans son bureau de travail, dans le Palais de la Moneda, à Santiago, qui avait été bombardé par la force aérienne chilienne. C'était une défaite terrible pour la gauche, non seulement pour les partis et forces progressistes du Chili, mais aussi pour tous ceux qui de loin, et notamment, depuis l'Europe (France, Allemagne, Italie...) avaient suivi très attentivement ce processus de transformation pacifique vers le socialisme que l'*Unité Populaire* avait engagé et entrepris, après l'élection de Salvador Allende, comme président du Chili, en septembre 1970, et qui avait conduit, entre autres, à la nationalisation

---

[25] C'est à Cuernavaca (au Mexique) qu'Illich avait créé le CIDOC, ce « Centre Interculturel de Documentation » où le philosophe (ex-prêtre catholique) organisait aussi, régulièrement, des séminaires, des rencontres et des débats, dans un cadre international, avec, entre autres, la participation d'André Gorz et de Jean-Pierre Dupuy.

des mines du cuivre et du Salpêtre, à celle des banques et à une réforme agraire socialiste.[26] (Gorz, en tant que théoricien d'un « réformisme révolutionnaire »[27], avait tout à fait sympathisé, comme moi-même, avec cette « voie pacifique au socialisme » qui a, malheureusement, échoué). Dans les années 2005-2006, j'ai eu encore une correspondance relativement animée avec André Gorz, qui avait entre-temps pris sa retraite et qui avait quitté Paris pour se retirer dans un petit village (à Vosnos, près de la ville de Troyes (au département de l'Aube). J'ai reçu une toute dernière grande lettre de sa part le 14 juillet 2005, une lettre dans laquelle il m'informait qu'il s'intéressait de plus en plus à l'ontologie et à la philosophie utopico-marxiste d'Ernst Bloch et qu'il était regrettable qu'en réalité seul Hans Jonas soit toujours en discussion, chez les « Verts », avec son *Principe de Responsabilité,* et non pas Ernst Bloch, l'auteur du *Principe d'Espérance*. En principe, Gorz était donc déjà disposé à opérer cette ouverture vers « l'ontologie utopique » et à la philosophie utopique de la praxis d'Ernst Bloch, aussi parce que Bloch, dans sa philosophie de la nature, qui était aussi très influencée par Schelling, plaidait clairement pour une *alliance entre l'homme et la nature*[28], à savoir pour une revendication qui s'inscrit avec force dans sa propre vision d'une transformation écologique et socialiste de l'économie et de la société, au-delà du productivisme capitaliste et de sa destructivité de la nature.[29] N'oublions pas que Ernst Bloch, précisément dans

---

[26] Cf. Arno Münster, *Chile – friedlicher Weg? Historische Bedingungen, 'Revolution in der Legalität', Niederlage,* K. Wagenbach, Berlin, 1974.
[27] Cf. André Gorz, *Réforme et Révolution,* Le Seuil, Paris, 1969 ; du même auteur, *Le socialisme difficile,* Le Seuil,
Paris, 1967.
[28] Cf. Ernst Bloch, *Le Principe espérance,* T. 1, trad. de l'allemand par F. Wuilmart, Gallimard, Paris, 1976.
[29] Cf. à ce propos : Michael Löwy, *Ecosocialisme. L'alternative radicale*

le chapitre consacré aux « utopies techniques » du tome II du *Principe espérance,* évoque la « coproductivité d'un sujet possible de la nature » et « une technique d'alliance concrète » dans le but d'une future et toujours possible « naturalisation de l'homme »et « humanisation de la nature. »[30]

Mais à bien des égards, Gorz semble être encore plus proche de Henri Lefebvre pour lequel l'auto-émancipation de l'homme de l'aliénation et de l'oppression causée par les rapports de productions capitalistes, a ses racines dans la nature même de l'homme, à savoir dans sa faculté de développer et de manifester une résistance contre les conditions d'un asservissement par une prise de conscience de cette oppression et par la volonté de concentrer tous les moments d'une praxis créatrice humaine sur le projet de *l'être-homme* et de *l'humanisation du monde.*[31] Comme le souligne Wolf-Dietrich Schmied-Kowarzik, dans son livre consacré à la « philosophie dialectique de la praxis de Marx », ce « projet d'humanisation, du devenir-humain-en commun naît de la résistance solidaire renforcée contre la destruction progressive par le système capitaliste dominant, où émergent déjà des formes embryonnaires de production et de vie alternatives... ; car, face aux menaces non seulement d'une guerre nucléaire, mais, ce qui sera encore plus dangereux, de l'empoisonnement et de l'intoxication progressive de la biosphère par une expansion industrielle effrénée et déterminée par les valeurs de la croissance, le projet d'une résistance consciente et massive des gens concernés – et cela nous concerne tous – demeure la seule alternative encore possible à la destruction réellement

---

à la catastrophe écologique capitaliste, Mille-et-Une-Nuits, Paris, 2011.
[30]Cf. Op.cit., t. II : « Les épures d'un monde meilleur », Paris, 1982, p. 290 sqq.
[31]Cf. Henri Lefebvre, *Métaphilosophie,* Paris, 1965, p. 341.

existante [du monde] en progression permanente. »[32] Ce qui fait l'originalité de l'approche gorzienne de ce problème, c'est qu'il fait fusionner cette vision de la résistance et de l'humanisation du monde d'Henri Lefebvre – directement inspiré par Marx – avec la vision d'Ivan Illich[33] d'un monde libéré des contraintes du travail traditionnel, d'un monde de la convivialité, de la fraternité et de la coopération, fondé sur des ateliers décentralisés, fédérés et interconnectés où chaque travailleur, chaque travailleuse peut développer ses facultés créatrices, dans l'autonomie totale, à savoir dans un monde du travail libre, sans hiérarchie, sans commandes, sans surveillance par des agents de maîtrise et le patronat. Il s'agit de sortir définitivement d'un système d'hétéronomie déterminé par le désir d'accu-mulation du profit, pour imposer l'autonomie des producteurs. A ce propos, Gorz a été aussi influencé par Herbert Marcuse [34], ce grand représentant de l'*Ecole de Francfort*, qui, dans son livre *Contre-révolution et révolte* (1972), défend les exigences d'une « nouvelle sensibilité », opposée aux logiques du système dominant et qui, dans le chapitre « *Nature et Révolution* » du même livre, évoque toujours « le potentiel de résistance sommeillant contre la répression sociale », étant toujours présent dans la *nature humaine,* puisque « la force de la praxis révolutionnaire plonge ses racines dans la « *nature humaine* ».[35]

C'est à l'entrecroisement de ces trois visions critiques et révolutionnaires d'une société autre, émancipée, auto-gérée, conviviale et résistante à la logique du système capitaliste qu'André Gorz a développé, au courant des années 70, 80 et

---

[32] Wolfdietrich Schmied-Kowarzik, *Solidarische Praxis in Allianz mit der Natur. Marx' dialektische Praxisphilosophie für das 21. Jahrhundert*, Westfälisches Dampfboot, Münster, 2022, p.191.
[33] Cf. Ivan Illich, *La convivialité,* Le Seuil, Paris, 1973 ; *Némesis Médicale,* Paris, 1975.
[34] Cf. Herbert Marcuse, *Contre-révolution et révolte,* Paris, 1972, p.72.
[35] Op.cit., p. 76 ; Cf. aussi : Schmied-Kowarzik, Op.cit.,p. 187.

90 du siècle dernier, sa propre vision émancipatrice d'une société écologique, coopérativiste, auto-gérée, égalitaire et créatrice qui aura définitivement congédié la société traditionnelle du travail, en restituant aux citoyennes et citoyens pleinement le temps libre nécessaire pour le déploiement de leurs forces créatrices toujours ligotées par le mode de production capitaliste dominant.

C'est cela qui fait sans nul doute la radicalité de la vision émancipatrice d'André Gorz, une radicalité qui n'était d'ailleurs ni celle d'un enseignant ou professeur des universités mais celle d'un journaliste indépendant, libre, mais politiquement engagé, au sens sartrien du terme, à savoir celle d'un essayiste, d'un journaliste et d'un penseur radical de gauche, d'un philosophe critique d'origine juive-autrichienne qui était titulaire ni d'une licence, ni d'une maîtrise, ni d'une thèse universitaire, ni d'un doctorat d'Etat de la Sorbonne ou d'une autre université, et qui avait seulement acquis, en 1946, en Suisse, à Lausanne, le titre d'un ingénieur de chimie à l'Ecole Polytechnique de cette ville. C'est dans cette même ville de Suisse Romande qu'il avait rencontré, en 1947, Doreen (Dorine) Keir, une actrice anglaise, qu'il épousera en 1949, l'année où il décide aussi de déménager et de s'installer à Paris. Cette décision avait été déclenchée par un événement de toute première importance dans la vie de Gorz : la rencontre personnelle, à Lausanne, en 1946, avec Jean-Paul Sartre, lors d'une tournée de conférences du grand philosophe existentialiste français, en Suisse, où Sartre tentait d'expliquer surtout son ouvrage philosophique majeur *L'Être et le Néant*, publié en 1943, et son livre *L'existentialisme est un humanisme* (1945). Ce livre était rapidement devenu le livre de chevet du jeune André Gorz qui finit rapidement par s'identifier complètement avec l'auteur de ce livre monumental, fondateur de l'existentialisme phénoménologique et ontologique de Sartre.

L'identification subjective de Gorz avec ce livre majeur de la pensée contemporaine et avec son auteur alla si loin qu'il n'hésita pas à l'éterniser sur le plan littéraire, dans son premier roman *Le Traître*, publié en 1958, chez Gallimard, sous la forme du personnage de « Morel »[Sartre], son « idole » et « modèle », pendant la longue et douloureuse quête de l'auteur destinée à transformer son propre « pour-soi » existentiel en « en-soi » ayant enfin trouvé la reconnaissance dont il avait absolument besoin pour pouvoir exister, dans les conditions difficiles d'un émigré autrichien demi-juif antifasciste exilé, vivant dans le Paris de l'après-guerre. Pour faire connaître ce livre, Sartre avait contribué à l'ouvrage avec une très longue préface de 40 pages (*« Des rats et des hommes »*) dans laquelle il faisait l'éloge de l'auteur. C'est à partir de ce moment là que Gorz dont le nom d'origine était Gerhard Horst, alias Hirsch (allusion à la ville slovène de *Gorizia* – en allemand : Goerz – où étaient fabriquées des lunettes pour les soldats de l'armée autrichienne) vivait et travaillait constamment à « l'ombre » de Sartre, à Paris, à savoir, sous sa « protection personnelle », en rédigeant , de 1949 à 1957, les *Fondements pour une Morale* (qui n'ont été publiés que vingt ans plus tard, en 1977), puis le livre *Morale et Histoire* (1958), tout en assumant la direction de la revue sartrienne « Les Temps Modernes ».

Le livre *Fondements pour une morale* est le produit direct de la lecture intense et à bien des égards très « empathique » par André Gorz de *l'Être et le Néant*, de Sartre, de ce grand essai d'ontologie phénoménologique existentiale que Sartre avait publié en 1943, pendant l'occupation allemande de la France et de la capitale. Gorz s'était déjà « initié » à cet ouvrage monumental sartrien, très influencé par la phénoménologie de Husserl et par l'ontologie phénoménologique fondamentale de Heidegger, pendant les quatre dernières années de son séjour en Suisse, à

Lausanne, de 1945 à 1949. Dans ce livre d'un volume de presque 600 pages, écrit à Paris, entre 1949 et 1957, Gorz s'efforce d'esquisser, dans le cadre de la terminologie phénoménologique ontologico-existentiale de Sartre, une axiologie existentialiste de la morale[36], dans le sillage des concepts majeurs utilisés par Sartre, dans *l'Être et le Néant*, tels que liberté, choix (décision), situation[37], être-jeté dans le monde, etc., dans le but d'élaborer ainsi, aussi avec le recours à certains concepts heideggeriens, une phénoménologie de la conscience morale, fondée sur l'analyse de l'être-dans-le-monde du sujet dans le quotidien de notre modernité, en complétant cette esquisse par l'analyse psychologique de « l'existence et de l'existant », sous les conditions de l'aliénation et de la rébellion, à savoir celles de la résistance du sujet (du Moi) contre les contraintes qui lui sont imposées par son environnement, par la famille, par l'école, par les institutions, etc., et qui empêchent la transformation de son pour-soi (aliéné) en un en-soi (libre, conscient, émancipé) via la « néantisation ». Défiant ainsi toutes les éthiques et morales idéalistes, comme par exemple. celle de Kant [38], fondée sur le « devoir » et sur l'obéissance à un « impératif catégorique », mais aussi les morales épicuriennes ou stoïciennes[39] ainsi que toutes les morales métaphysiques fondées et enseignées par les religions [40] obligeant les croyants à obéir, aveuglement, à une « loi morale » d'origine divine, Gorz,

---

[36]Cf. André Gorz, *Fondements pour une morale,* chap. « Axiologie absolue et relative »,Galilée, Paris, 1977, pp. 499 sqq.
[37]Cf. Op.cit., chap. « La moralisation de la situation »,p. 458 sqq.
[38]Cf. Emmanuel Kant, *Critique et la raison pratique* (1788), trad. fr. J. Gibelin, revue par E. Gilson ,Paris 1983; *Fondements d'une métaphysique de mœurs* (1785), trad. Alexis Philonenko,Vrin, Paris, 1985.
[39]Cf. André Gorz, *Fondements pour une morale*, Galilée, Paris, 1977, p. 206 sqq.
[40]Cf. Op. cit., p. 211 sqq.(« La résignation religieuse »)

s'approchant souvent de Marcuse, s'efforce aussi d'esquisser, dans ce même livre, une « éthique de la sensibilité et de la créativité esthétique », tout en concluant ce livre par des réflexions extrêmement riches consacrées au rapport du marxisme à la « morale » et à une « morale médiatisée par Autrui. »[41]

Le point de départ pour ce nouveau questionnement critique concernant la morale pour Gorz est, incontestablement, le fait que « l'être-jeté-dans-le monde », dans son « être-là »(Dasein), en tant qu'exister/existant dans un monde étranger et a priori hostile au sujet, pose directement la question des valeurs. «On verra, affirme André Gorz à ce sujet, « comment l'ontologie existentiale sartrienne a rendu possible d'indiquer trois orientations de valorisation fondamentales dont on peut dériver trois possibilités fondamentales d'une éthique : (1) les valeurs directement relatives à la vie et à ses possibilités, (2) les valeurs et possibilités esthétiques, et (3) la valorisation de la valorisation (des valeurs) par la *liberté,* à cause d'une rupture, à savoir d'une « conversion » morale au cours de laquelle la liberté doit renoncer à toutes les autres valeurs, en faveur de ses propres possibilités d'action souveraines.[42] Or, à la question « Que vaut ma conduite effective, dans ces conditions ?, André Gorz répond, évidemment, d'une manière désillusionnée : « En deçà de mes intentions claires et réfléchies auxquelles je suis tenté de m'identifier, comme à ma valeur, je suis l'existence de ma facticité globale particulière, et la prétendue conversion de mon projet fondamental au niveau de la conscience positionnelle de mes fins objectives et de mon but idéal ne peut avoir la valeur d'une conversion authentique**,** mais reste une résolution volontaire et abstraite, une *fuite* de ma réalité effective, si elle ne ressaisit pas mon projet fondamental au

---

[41]Cf. Op.cit.,p. 590.
[42]Cf. Op.cit., p.

niveau de la vie spontanée et ne s'embraie pas sur elle. »⁴³ (…) « Je ne peux remplacer mes fins et conduites par n'importe quelles autres, normativement plus valables, car je suis primordialement l'existence d'une situation qui motive mon choix originel, à part laquelle je ne peux me choisir effectivement, qui définit mes possibilités effectives sans pour autant les limiter, et hors de laquelle je ne peux sauter ni rien vivre pour de bon. »⁴⁴
Evidemment, plusieurs chapitres du livre *Fondements pour une morale* comportent des analyses ontologico-existentielles destinées à vérifier, dans le cadre de la « conversion esthétique » ⁴⁵, la validité de cette classification, par l'esquisse d'une « phénoménologie » des valeurs corporelles, sensorielles et esthétiques, des valeurs « vitales », et par une sorte de psychanalyse existentielle (Cf. Sartre) des formes de comportement de la « vie aliénée » et des formes de vie esthétiques de « l'aventurier » ⁴⁶, du joueur ⁴⁷, du « poète» ⁴⁸ et du « saint ». ⁴⁹ Tout en étant très proche de Sartre, Gorz « frôle » ici pour ainsi dire aussi, à plusieurs reprises, dans ce contexte, Albert Camus⁵⁰, par exemple là où il affirme, dans le chapitre intitulé « Le révolté, le poète, le saint », que « l'homme n'existe qu' écrasé. Dans un univers où tout conspire contre lui, il se dresse avec orgueil contre ce qui l'écrase. Mais c'est seulement pour se faire apprendre dans cette révolte sa liberté métaphysique et son innocence : il ne peut pas ce qu'il veut. Mais il veut néanmoins l'impossible pour, par ce geste absolument vain et qui rationnellement

---

⁴³Op.cit., p. 449.
⁴⁴Op. cit., p. 450.
⁴⁵Cf. Op.cit.,p. 251 sq.
⁴⁶Op.cit., p. 315 sqq.
⁴⁷Op.cit.,p. 328.
⁴⁸Cf. Op.cit., p. 387.
⁴⁹Cf. Op.cit., p. 405.
⁵⁰Cf. Albert Camus, *L'Homme révolté*, Gallimard, Paris, 1951.

ne devrait pas être, se créer absolument comme *contre-existant.* » « Sans doute, souligne Gorz à ce propos, « la révolte n'est-elle pas toujours une aventure métaphysique. Mais lors même qu'elle est concrète, elle a en commun avec la révolte pure une même structure. Contre la pression des faits, contre la domination d'autrui, le révolté s'insurge sans espoir et sans croire en l'efficacité de son geste. Sa colère est avant tout une démonstration de sa liberté, non l'effectuation de celle-ci. C'est aux yeux de l'oppresseur, du maître, du père qu'il revendique explosivement son *ipséité*, sans lui donner aucun contenu concret. C'est son exigence formelle d'être « moi » qu'il affirme, mais comme cette exigence n'est médiatisée vers aucune fin concrète qui la confirme, elle reste dénuée d'autonomie. Le révolté se pose seulement comme un *autre* contre l'*autre*, c'est-à-dire qu'il se nie violemment de l'autre, et c'est en cette négation et en la revendication immédiate qu'elle implique (…) qu'il affirme en même temps qu'il nie sa dépendance (...) Le révolté manifeste seulement sa volonté de briser ses chaînes, mais il s'y prend de telle manière que le résultat de sa révolte est de le précipiter dans un esclavage nouveau. Contre son aliénation présente, il réclame seulement la non-aliénation ; en face du monde donné il pose un non-monde purement abstrait et irréalisable ; contre l'homme *aliéné*, il affirme un *homme total* (...). Comme l'écrit Camus, « installé auparavant dans un compromis, il se jette d'un coup dans le Tout ou Rien ; ce qui était d'abord la part irréductible de l'homme devient l'homme tout entier. L'homme prend conscience dans le mouvement de sa révolte d'une valeur où il croit pouvoir se résumer (...). Le révolté veut être tout, c'est-à-dire cette valeur dont il a soudain pris conscience et dont il veut qu'elle soit dans sa personne reconnue et acceptée – ou *rien*, c'est-à-dire être déchu par la force qui le domine. » Bref, le révolté est un abstrait ; il veut incarner sans délai la valeur en laquelle il s'adore (…) et c'est

pourquoi, comme le note Camus, *il se sent universel :* il revendique des Droits.»[51] Autrement dit : « Le révolté est bien un romantique, il n'est pas un révolutionnaire.[52] Et un révolutionnaire romantique est seulement un révolté qui passera dans l'opposition lorsqu'il s'agira de tenir des fiches à jour. L'attrait de la révolte pour l'esthétisme, c'est son inefficacité et l'échec auquel elle se voue, c'est le caractère purement négatif de son action, et une exemplarité toute objective qui lui vient de sa défaite même. »[53]
C'est dans la dernière et troisième Partie des *Fondements pour une morale* intitulée *«* Le choix de la liberté *»* que Gorz traitera du problème de la fusion des trois niveaux de son axiologie phénoménologico-existentielle avec une éthique de la libération. Gorz y esquisse en premier lieu une méthodologie du « se-comprendre-soi-même » comme fondement de toute libération possible. Certes, conclut Gorz ces réflexions, ce livre est en effet en un sens « la somme » de l'existentialisme (sartrien), mais une « somme » qui indique en même temps l'enchevêtrement de cette démarche philosophique avec le marxisme - défini comme philosophie de l'émancipation du prolétariat des chaînes du capitalisme, devenue, pour le dire dans les mots de Sartre, la philosophie « indépassable » de notre époque. En ce sens, ce dernier ne serait certainement pas en mesure de nous proposer, avec sa critique radicale de l'économie politique et du système d'exploitation capitaliste, une MORALE, mais sûrement les instruments et les concepts nous permettant d'en inventer, d'en créer une, tout en nous faisant comprendre pourquoi, au sens strict du terme, la

---

[51] André Gorz, Op.cit., p. 367-368.
[52] Cf. aussi, à ce propos, Arno Münster, *Albert Camus -la Révolte contre la Révolution ?*, L'Harmattan, coll. « Ouverture Philo-sophique », Paris, 2014, p. 75 sqq., p.99 sq.
[53] Gorz, Op.cit., p. 368-369.

Morale[54] est toujours en un sens de l'ordre de l'impossible... Comme André Gorz me l'a confié, lors un entretien personnel, en 1983, les *Fondements pour une morale* n'ont été lus, après leur publication, en 1977, par les soins des Editions Galilée, que par « trois ou quatre personnes »(!!), mais à ce même moment, il avait déjà effectué son virage de l'existentialisme sartrien et de l'existentialo-marxisme de la *Critique de la raison dialectique* de Sartre *(*1960) vers *l'écologie,* si bien que la publication de son livre *Ecologie et politique*, en 1975, par le même éditeur, lui a permis de dépasser et d'éclipser cet échec. Dans ce livre, Gorz se fait non seulement le porte-parole intellectuel d'un mouvement écologiste en plein essor, stimulé, entre autres par une campagne contre le nucléaire qui s'amplifiait rapidement, non seulement en France, mais dans toute l'Europe, après l'adoption par le gouvernement français dirigé à l'époque par Pierre Messmer, du projet de construction de 56 réacteurs nucléaires, en France, pour « satisfaire les besoins énergétiques du pays », mais il affirme aussi son opposition radicale à l'égard d'une économie de la croissance alimentée par les énergies fossiles fortement polluantes, à l'égard du mythe de la voiture privée et du productivisme destructeur des éco-systèmes ; c'est en s'approchant des thèses de Serge Latouche[55], qu'il se fait avocat, dans la même perspective, de la décroissance, en préconisant la fin de la société de consommation et une politique de la « sobriété » qui, à l'avenir, devrait substituer le consumérisme dominant de nos sociétés capitalistes industrielles orientées vers la surproduction de marchandises et la maximisation du profit par l'invention constante de nouveaux « besoins » artificiels. C'était, grosso modo, le manifeste intellectuel d'un refus radical de la logique et du fonctionnement du système du

---

[54]Cf. Op.cit,, p. 586 sq.(« Marxisme et morale »)
[55]Cf. Serge Latouche, *La décroissance*, « Que sais-je ? », PUF, Paris, 2019, 2022.

capitalisme avancé fondé sur des grands complexes industriels, un système du travail aliénant à la chaîne étant à la recherche systématique de l'appropriation privée des profits. Un refus aussi des tendances manifestes à l'écocide, notamment à cause de la politique d'exploitation des ressources énergétiques fossiles par les grandes entreprises multinationales, surtout en Afrique... En optant pour une écologie humaniste radicale, Gorz épouse déjà, dans une large mesure, les idées et propositions d'Ivan Illich, de ce grand défenseur de l'autonomie, du coopérativisme et de la convivialité, dont il avait fait, personnellement, la connaissance, dans les locaux du « Nouvel Observateur », à Paris, en 1971, et auquel il a rendu visite, deux ans plus tard, à Cuernavaca, au Mexique, pour s'informer « sur place » sur les « expérimentations sociales » du « Centre Interculturel de Documentation » (CIDOC) dirigé dans cette ville par Ivan Illich, qui préconisait aussi de nouvelles formes de vie de l'homme « en harmonie avec la nature. » (C'est sur le conseil explicite d'André Gorz que le livre d'Illich *Némesis médicale*[56] a été traduit en français et publié, en 1975, par les Editions du Seuil.)

Bien que le livre *Adieu au prolétariat*[57] d'André Gorz, publié en 1980, ait soulevé un tollé de protestations allant jusqu'à accuser Gorz de « trahison » et même de « tournant vers la droite », à cause de sa mise-en-cause, dans ce livre, de la validité du dogme de la théorie marxienne orthodoxe du prolétariat comme « classe porteuse de la révolution sociale » et de « l'émancipation des travailleurs du joug du mode de production capitaliste », il est relativement facile de prouver la fausseté de ces accusations, vu qu'André Gorz, notamment dans son livre *Capitalisme, socialisme,*

---

[56]Cf. Ivan Illich, *Némésis médicale. L'expropriation de la santé*, Préface de Jean-Pierre Dupuy, Le Seuil, Paris 1975, Fayard, 2003.
[57]Cf. André Gorz, *Adieu au prolétariat ? Au-delà du socialisme*, Galilée, Paris, 1980.

écologie (1991), s'impose désormais clairement comme porte-parole d'un *éco-socialisme* humaniste et révolutionnaire, en appuyant ses propres thèses relatives à une « économie du savoir » aussi par des citations de Marx et notamment par les paragraphes tirés de *l'Introduction générale à la critique de l'économie politique* de Marx où l'auteur du *Capital* évoque la possibilité d'un capitalisme dont la principale force productrice ne serait plus le travail, mais le SAVOIR. Mais cette mise en cause de certains dogmes marxistes (qui rappellent aussi celle opérée par les représentants de *l'Ecole de Francfort*, notamment par Horkheimer, Adorno et Marcuse) par Andé Gorz signifie-t-elle une véritable *rupture* de l'auteur du livre *Adieu au prolétariat* avec Marx ? Ne s'agit-il pas ici plutôt d'un grand « malentendu » ? Ne devrait-on pas plutôt parler à ce sujet de la présence, dans la philosophie sociale d'André Gorz, d'un « *marxisme sélectif* », caractéristique de la pensée hétérodoxe (marxiste) non-dogmatique d'un intellectuel, grandi dans l'ombre de Sartre, comme le suggère, entre autres, Michael Löwy ? [58] Mais d'une pensée restée globalement parlant quand même toujours assez fidèle à Marx, dans deux aspects majeurs de la doctrine de Marx : (1) son anti-capitalisme et (2) son postulat de la nécessité d'une alternative – socialiste/écologique/coopérativiste – au capitalisme, sous la forme d'une nouvelle civilisation (post-capitaliste**)** fondée non plus sur le travail, mais sur le temps libre.
Rappelons aussi ce que disait Alain Touraine qui nous a quitté récemment, à l'âge de 97 ans, d'André Gorz, dans un article, publié en 1993, dans « *Le Nouvel Observateur* »: « André Gorz est d'un côté le philosophe « le plus marxiste » en Europe, et de l'autre, ce qui devrait être souligné, le plus imaginatif et le plus anti-dogmatique. Avec

---

[58]Cf . Michael Löwy, « Le marxisme d'André Gorz », in : Ecorev n° 45 (« André Gorz, une pensée vivante ») Paris, 2017, p. 105 – 115.

lui, le marxisme redevient la force libératrice qu'il avait une fois chez Marx, lorsque ce dernier critiquait et le jacobinisme français et les hégéliens de droite. »[59] On peut remercier à titre posthume Alain Touraine pour ce jugement qui est, à notre avis, tout à fait juste, puisqu'il met l'accent sur cet engagement très net chez André Gorz, dans son écologie politique, en faveur d'une alternative à la société capitaliste productiviste, fondée sur la division du travail, le travail à la chaîne, sur la hiérarchie et sur l'hétéronomie, d'une alternative qui ne peut prendre la forme de la fin de la société traditionnelle du travail et de l'instauration, sur les lieux du travail, d'un mode de production autre, libre, coopérativiste, permettant le déploiement maximal des forces et potentialités créatrices des travailleuses et des travailleurs. Ce qui marquerait enfin la fin du travail à la chaîne. Les nombreuses citations et références à Marx, notamment aux *Grundrisse* (Esquisses des fondements de l'économie politique) de 1857, prouvent que Marx, mais un Marx lu *autrement,* non pas à travers les lunettes du « marxisme-léninisme-stalinisme » officiel de l'ex-Union soviétique ou de la Chine de Mao, avait toujours sa place légitime dans cette vision gorzienne de l'émancipation future et possible de l'homme travaillant des contraintes du travail dans le capitalisme, suite au dépassement du mode de production actuel et l'instauration d'un mode de travail et de vivre alternatif.

Cela est aussi confirmé par l'entretien d'André Gorz avec Marc Robert de l'année 2007, qui a été publié en 2008, dans le livre *Ecologica*[60] (Galilée, Paris, 2008), où Gorz affirme solennellement que *Adieu au prolétariat* n'était pas une critique du communisme marxien. C'était avant tout une critique des maoïstes et de leur vénération primitive d'un

---

[59]Cité d'après : Willy Gianinazzi, André Gorz. Une vie, La Découverte, Paris, 2016, p. 250.
[60]Cf. André Gorz, *Ecologica,* Galilée, Paris, 2008.

mythe du prolétariat (…). Mais c'était aussi une critique sévère de la « social-démocratisation du capitalisme » par le marxisme vulgaire et la glorification du travail salarial. »[61]

Néanmoins, devrait-on souligner à ce propos, Michael Löwy n'a quand même pas tout à fait tort de constater qu'au sujet précisément de la lutte des classes et du rôle du prolétariat dans le mouvement d'émancipation sociale, Gorz s'éloigne en effet un peu du marxisme, par exemple., en substituant, dans *Adieu au prolétariat* (1980), la classe ouvrière par la « non-classe des néo-prolétaires, des précaires et des marginaux qui ne sont pas directement impliqués dans le processus de production, qui sont certes en mesure de « se révolter », de temps en temps, mais non pas de faire la révolution sociale dont rêvait Marx. Il s'agit là, incontestablement, aussi d'une influence que *l'Ecole de Francfort* a exercée sur la pensée d'André Gorz, et notamment de Herbert Marcuse [62] qui, dans son livre *L'Homme unidimensionnel,* avait déjà souligné l'intégration de facto du prolétariat industriel des grandes métropoles du capitalisme mondial dans le système économique, politique et idéologique des sociétés de consommation capitalistes, ayant entraîné la disparition de toute conscience de classes révolutionnaire, au sens de Marx, et aussi de l'influence de Max Horkheimer qui, dans son livre *Dämmerung* (*Crépuscules*)[63] (1934), avait déjà

---

[61] André Gorz, *Ecologica*, Galilée, Paris, 2008, p. 18 .
[62] Cf. Herbert Marcuse, *L'Homme unidimensionnel, Essai sur l'idéologie de la société industrielle avancée,* trad. de l'anglais par Monique Wittig revue par l'auteur, Ed. de Minuit, Paris, 1968.
[63] Cf .Max Horkheimer, *Crépuscule. Notes en Allemagne (1926-1931)*,trad.de l'allemand et préfacé par Sabine Cornille et Philippe Ivernel, Payot, Paris, 1994, p.75-81 ; Cf. aussi : Arno Münster, Max Horkheimer entre Marx, Freud et Schopenhauer, un essai sur le fondateur de la philosophie sociale de l'Ecole de Francfort, Ed. Le Retrait, Orange, 2021 ; du même auteur, *Der junge Horkheimer. Ein*

évoqué, dans un des plus importants aphorismes de ce livre, « l'impuissance de la classe ouvrière allemande » face au danger du totalitarisme fasciste et l'absence d'une conscience de classe révolutionnaire qui aurait très probablement permis à la gauche allemande de s'opposer victorieusement, en 1933, à l'arrivée du nazisme hitlérien. Mais en même temps, Gorz maintiendra, par exemple dans son livre *Chemins du paradis. L'agonie du capital* (1983), comme aussi, dans son tout dernier ouvrage posthume *Ecologica* (2008), sa critique marxienne du capitalisme, tout en soulignant encore une fois, comme dans *Adieux au prolétariat* [64], les potentiels subversifs des précaires et des marginaux et la pratique inhumaine du Capital et des entreprises capitalistes consistant à empêcher par tous les moyens le fait que les travailleurs de l'industrie et les chômeurs s'unissent afin de pouvoir obtenir une répartition meilleure des richesses sociales. Et, comme le constate aussi Willy Gianinazzi, dans sa biographie d'André Gorz, « il n'existe à vrai dire pour André Gorz aucune alternative réelle à la critique marxienne du Capital et du capitalisme. »[65] Ce qui est aussi attesté par le fait que, dans ses écrits et publications des années 1990 et dans ses livres publiés dans la période 2000 à 2007, les *Gundrisse* [66] (Esquisses d'une critique de l'économie politique ») de Marx sont régulièrement citées et aussi les paragraphes du volume IIIe du *Capital* où Marx évoque déjà, explicitement, la « fonction destructrice de l'exploitation capitaliste de la

---

Essay zum 50. Todestag des Begründers der « Frankfurter Schule », Verlag Karl Alber in der Nomos-Verlagsgruppe, Baden-Baden, 2023.
[64] Cf. André Gorz, *Adieux au prolétariat ? Au-delà du socialisme*, Galilée, Paris, 1980.
[65] Willy Gianinazzi, André Gorz. Une vie, La Découverte, Paris, 2016, p. 216.
[66] Cf. Karl Marx, *Grundrisse der Kritik der politischen Ökonomie (1857-1858)*, Moscou, 1939, 1941, réed. par Europäische Verlagsanstalt, Francfort et Europa-Verlag, Vienne, 1970.

nature, dans l'agriculture, par l'exploitation intensive des terres agricoles »[67], ce qui pourrait à la rigueur être interprété comme un petit tournant « écologique » dans la pensée de Marx, un tournant apparemment « bien reçu » par André Gorz qui, à ce propos, souligne, entre autres, dans son grand entretien avec Marc Robert, que « l'écologie ne remplit sa fonction critique et éthique que si les dévastations de la terre et la destruction des fondements naturels de la vie soient comprises comme les résultats d'un certain mode de production, c'est-à-dire d'un mode de production [capitaliste] exigeant la maximisation du profit, qui utilise aussi des techniques détruisant l'équilibre biologique. »[68]

C'est dans son tout dernier texte, écrit quelques jours seulement avant son suicide, avec son épouse Dorine, à Vosnos, en septembre 2007, que Gorz évoque encore une fois la nécessité absolue, pour les écologistes, les éco-socialistes, les « verts », en général, d'une rupture avec cette logique destructrice du mode de production capitaliste, dans son rapport avec le changement climatique, en concluant que « la question de la sortie du capitalisme est aujourd'hui plus actuelle que jamais » et qu'en conséquence, « cette question se pose aujourd'hui de nouveau, avec l'urgence d'une nouvelle radicalité. »[69]

Michael Löwy souligne lui-aussi, dans son commentaire de cette déclaration quasiment « testamentaire » d'André Gorz, que cette affirmation est vraiment importante et typique, dans la mesure où elle nous libère aussi, en même temps, de toutes les illusions d'un possible et éventuel passage à un « éco-capitalisme » ; car, simultanément, avec ce constat, Gorz se fait encore une fois l'avocat de la décroissance

---

[67]Karl Marx, *Das Kapital (Le Capital)*, vol. I, MEW (Oeuvres) vol. 23, Berlin 1968, p. 529.
[68]André Gorz, *Ecologica,* Paris, Galilée, 2008, p. 15.
[69]André Gorz, Op.cit., p. 25.

(absolument nécessaire pour réussir ce tournant écologique) et d'un changement de civilisation ; car aux yeux de Gorz, il semble être absolument impossible d'éviter la grande catastrophe climatique qui nous menace de plus en plus, sans rompre de manière radicale avec les méthodes et une logique économique de l'extravisme qui nous a conduit, pendant les dernières 150 années, là où nous sommes aujourd'hui. Autrement dit, pour Gorz, la décroissance est vraiment devenue un impératif pour la survie. Mais cela présuppose vraiment, « une économie autre, un autre style de vie, une autre civilisation et d'autres rapports sociaux. »[70] Finalement, dans le livre *Ecologica*, un pont est aussi jeté par Gorz de cette philosophie écologique de la « décroissance », de la « convivialité » et de la « sobriété », à Marx et au socialisme, avec son affirmation solennelle que « seul le socialisme peut se payer le luxe de réaliser la plus grande satisfaction au prix le plus bas. Seul le socialisme peut rompre avec la logique de la maximisation du profit, du gaspillage maximum, de la production et de la consomption maximale ; seul le socialisme peut remplacer cette logique par la raison économique, avec l'objectif d'une satisfaction maximale des besoins, avec un minimum de dépenses. »[71]

Même si Gorz évoque ici aussi, assez souvent, dans ce contexte, encore une fois avec une référence à Marx, le « communisme », il est hors de doute qu'il vise plutôt l'éco-socialisme, et ce qui caractérise cet éco-socialisme, c'est avant tout le fait que, bien qu'il défende à ce propos surtout le principe et la nécessité d'une planification écologique, il prend en même temps clairement ses distances à l'égard de tous les modèles et alternatives technocratiques éco-capitalistes et centralistes-commu-nistes-autoritaires, en soulignant que l'éco-socialisme, comme il l'envisage lui-

---

[70]Op.cit., p. 29.
[71]A.Gorz, *Adieux au prolétariat,* Galilée, Paris 1980.

même, en tant que théoricien d'une l'écologie politique radicale, est avant tout déterminé par un impératif d'émancipation et que l'application de cet impératif d'émancipation implique, nécessairement, que l'hétéronomie du mode de production capitaliste traditionnel soit, progressivement, substitué par l'autonomie aussi large que possible des producteurs (travailleuses et travailleurs), conformément aux recommandations d'Ivan Illich, si bien que le système hiérarchique et « despotique » des usines et du travail aliénant à la chaîne soit dépassé et finalement remplacé par un système coopératif d'ateliers de production autonomes, permettant le déploiement de toutes les potentialités créatrices des travailleurs librement associés, dans des espaces autonomes, des espaces de liberté.[72] Ainsi Gorz opère-t-il en effet une synthèse très intéressante et assez convaincante de la vision marxienne du libre développement des forces productrices, restaurant la dignité perdue des producteurs, avec la vision émancipatrice d'Ivan Illich[73] des ateliers de production, de coopératives libres, travaillant, libérés de la domination capitaliste, dans une atmosphère de *convivialité*.

C'est dans la même perspective de réalisation de ce changement radical de civilisation entraînant une réorganisation totale du mode de production, au-delà des impératifs de la maximisation du profit du capitalisme et au nom de l'impératif de l'émancipation, que Gorz défend

---

[72]Cf. André Gorz/Michel Bosquet, *Ecologie et politique*, op.cit., p. 50 sq.
[73]Cf. Ivan Illich : *La convivialité*, Le Seuil, Paris, 1973 ; *Une société sans école,1971* ; *Némesis médicale, 1975;Le chômage créateur,1977 ; Le travail fantôme,1981;Le genre verna-culaire,1983.* (Selon Illich, ex-prêtre catholique, fondateur du CIDOC (Centre Culturel de Documentation), à Cuernavaca, au Mexique, la « société conviviale » reposera sur « l'énergie de chacun, contrôlable par chacun et sur le contrôle par tous des outils sociaux. »)

aussi la revendication d'un REVENU D'EXISTENCE (Grundeinkommen), attribué par l'Etat à chaque citoyen et chaque citoyenne, sous la condition d'un engagement de chaque bénéficiaire pour un travail d'utilité publique d'au moins 20 000 heures par an, et il ne cesse de « rêver », au sujet des nouvelles technologies de la communication, fonctionnant selon le principe de la « gratuité », de l'avènement possible d'une « démocratie d'Internet » de l'avenir, destiné à libérer, massivement, les potentialités créatrices des participants à ces échanges « immatériels », illimités.[74] Nul ne peut nier qu'il ait à ce propos peut-être fait preuve d'une vision bien trop « optimiste » à propos du potentiel émancipatoire immanent à ces nouvelles technologies, en sous-estimant aussi les pratiques abusives possibles de ces mêmes moyens contemporains de communication, notamment par les milieux d'extrême-droite. Mais on ne peut que rester admiratif face au courage avec lequel il a maintenu et défendu ces idées « utopiques », contre vents et marées, jusqu'à la fin de sa vie, étant toujours soutenu, dans ce combat pour un monde meilleur, plus juste, plus « écologique », plus égalitaire, plus fraternel, plus « convivial », par son épouse Doreen Keir (gravement atteinte par une maladie dégénérative, causée par une erreur médicale) avec laquelle il s'est donné volontairement la mort[75], le 22 septembre 2007, à Vosnos, ne pouvant plus supporter l'idée de devoir continuer à vivre, seul, et sans elle, après le décès de la femme qui a été toujours à ses côtés, très solidairement, pendant presque soixante ans...

Texte remanié, réécrit et complété d'une conférence publique prononcée le 12 juillet 2023, à l'Université

---

[74]Cf. André Gorz, *L'immatériel*, Galilée, Paris, 2003.
[75]Cf. André Gorz, *Lettre à D.*, *Histoire d'un amour*, Galilée, Paris, 2006, réed. Gallimard, coll. « Folio », 2008.

Technique de Vienne (Autriche), dans le cadre du Colloque International « Zur Aktualität von André Gorz », organisé par le Club of Vienna.

II
Vers la société libérée : l'influence d'Ivan Illich (1926 - 2002)

La rencontre personnelle d'André Gorz avec Ivan ILLICH, d'abord à Paris, en 1971, puis au Mexique, au CIDOC, à Cuernavaca, en 1973, a été déterminante pour le second tournant significatif dans la pensée de Gorz, à savoir pour son tournant d'un existentialo-marxisme ontologique sartrien vers une écologie politique assez radicale marquée aussi par les idées de la gauche socialiste auto-gestionnaire syndicale (CFDT) de l'époque. Comme le souligne, entre autres, Michel Contat, André Gorz a rencontré en Illich en quelque sorte son homologue » ; il est demi-juif et a vécu, comme lui-même, à Vienne, il a été privé également d'une identité nationale stable et il se vit comme un homme de nulle part, autrement dit de partout .»[76] Il est cosmopolite et en même temps un socialiste radical de conviction converti, depuis 1971, à la cause écologique.
Comme André Gorz, alias Gerhard Horst [<Hirsch], Ivan Illich est né en Autriche, en 1926, il étudia la chimie et la cristallographie à Florence, puis la théologie catholique à l'université grégorienne de Rome. Après avoir été nommé prêtre, il est envoyé en 1952 par le Vatican à New York où on lui confie une paroisse à Manhattan. En 1956, il est nommé professeur de théologie catholique à l'université de *Puerto Rico.* Mais, suite à un grave désaccord politique avec l'évêque, en 1960, il démissionne, abandonne son poste et rejoint, en 1961, le CIDOC (Centre Interculturel de Documentation), à Cuernavaca, au Mexique.[77] Très vite, ce

---

[76]Michel Contat : *André Gorz.Vers la société libérée, Editions Textuel, Paris, 2009, p. 35.*
[77]Cf. Hervé Kempf, Préface à : Ivan Illich, *La convivialité, Ed.* du Seuil, Paris, octobre 2021, p. VIII.

centre devient, sous sa direction, un lieu célèbre de débats, d'études, de cours magistraux et de séminaires où Illich expose et expérimente ses idées. C'est ici que seront forgés, toujours dans le cadre d'une « convivialité » communautaire, les principaux concepts de sa pensée, d'une pensée critique radicale de la société industrielle et de proposition d'alternatives concrètes au système et au mode de production prédominant, institué par l'industrialisme capitaliste du 19e siècle.

Une première rencontre entre Illich et Gorz avait eu lieu, en 1971, à Paris, dans les locaux du « *Nouvel Observateur* », suite à la publication, en traduction française, du livre *Une société sans école*[78] qui avait connu un immense succès. Gorz fut enthousiasmé par cette rencontre et il décida de le rencontrer de nouveau ultérieurement, sur « son terrain », en Californie et au Mexique, plus précisément à *Cuernavaca*, où il rencontra aussi Jean-Pierre *Dupuy* qui, en tant qu'enseignant à l'université de Stanford, devint vite un collaborateur étroit du [prêtre]-philosophe émigré qui, en 1969, avait définitivement rompu avec l'Eglise catholique et le Vatican.

Evidemment, dès sa première entrevue, Gorz est fasciné par deux des concepts-clé de ce grand penseur solitaire « à contre-courant » : (1) la *contre-productivité* ; et (2) la *convivialité*. Mais aussi par sa critique radicale de l'*école* comme institution garantissant pour ainsi dire la pratique de l'*exclusion sociale* à l'égard des enfants scolarisés, autrement dit, de l'école « comme processus d'abêtissement et d'effacement des diversités identitaires. »[79] Dans cette perspective, le livre d'Illich était accueilli par Gorz, et, avec lui, par toute une génération d'étudiants en rébellion contre l'école traditionnelle et ses méthodes autoritaires, comme un fanal, comme un cri de libération,

---

[78]Cf. Ivan Illich, *Une société sans école*, Le Seuil, Paris, 1971.
[79]Cf. Michel Contat, Op.cit., p. 36.

celui de ceux qui, jeunes, avaient subi, en Autriche comme en Allemagne, dans les années vingt et trente, ce dressage, à l'école communale, par des instituteurs très autoritaires autorisés par la loi à pratiquer des châtiments corporels.

1. LA NÉMESIS MÉDICALE
(CRITIQUE DU SYSTÈME DE SANTÉ)

Pour l'essentiel, la critique illichienne de la société industrielle est fondée sur la thèse que dès que le développement industriel dépasse un certain seuil critique, les institutions deviennent les principaux obstacles à la réalisation des objectifs qu'elles visent ; autrement dit, elles deviennent « contre-productives ». C'est en se tournant résolument vers le mythe de *Némesis*, la déesse grecque antique de la vengeance, chargée de punir les « non-obéissants », qu'Illich analysera alors les conséquences néfastes de cet inversement, et de ce retournement tragique, pour la *médecine moderne,* à savoir pour l'institution médicale, en soulignant, entre autres, l'inefficacité d'une médecine trop coûteuse et « l'expropriation de la santé » par une médicalisation pernicieuse.

Selon Illich, la « médicalisation de la vie », de la santé est malsaine, essentiellement, pour trois raisons :
1) Parce que, « au-delà d'un certain niveau, l'intervention technique (médicale) sur l'organisme ôte au patient les caractéristiques du vivant qu'on désigne communément par le mot de « santé » ; (2) parce que « l'organisation nécessaire pour soutenir cette intervention devient le masque sanitaire d'une société destructrice » ; et (3) parce que la prise-en-charge de l'individu par l'appareil bio-médical du système industriel enlève au citoyen tout pouvoir de maîtriser politiquement ce système. » Tout simplement, parce qu'ainsi, la médecine, de plus en plus *déshumanisée* par l'appareil des *technologies médicales* de plus en plus sophistiquées et chères, « devient un atelier de réparation et d'entretien destiné à maintenir en état de

fonctionnement l'homme usé par une production inhumaine. »[80] C'est dans la deuxième partie de sa *Némésis médicale* qu'Illich s'efforce à esquisser une théorie permettant de « saisir le mécanisme de *contre-productivité* qui se manifeste dans plusieurs de nos grandes institutions » ainsi que « la vanité dans une société vouée à la croissance de cinq types de tentatives politiques visant à redresser cette contre-productivité. » [81] Finalement, il analyse particulièrement dans la troisième partie de son livre, les effets psychologiques engendrés par le rituel médical typique pour cette phase d'une médicalisation accrue, à l'ère des technologies avancées, à savoir au fait que la volonté de vivre des individus s'effrite et que « leur angoisse de la mort devient insupportable » : « Douleur, maladie et mort deviennent des stimuli pour la production de marchandises et des tabous d'un nouveau type qui paralysent l'expérience vécue. »[82]

Certes, on pourrait objecter à cette argumentation d'Illich qu'au courant du XXe siècle, et malgré deux guerres mondiales, des progrès considérables et indéniables ont été obtenus, par la médecine, notamment dans le domaine du combat contre les maladies infectieuses (comme, par exemple, la *tuberculose pulmonaire),* mais aussi, pendant ces dernières décennies, dans le combat contre le cancer et dans le domaine de la transplantation des organes et la chirurgie en général ; on pourrait aussi objecter qu'aujourd'hui, notamment grâce aux antibiotiques, la pneumonie et aussi la tuberculose pulmonaire peuvent être guéries avec l'administration d'un seul médicament ; mais il est aussi indéniable qu'aujourd'hui, « les actes médicaux et les programmes d'action sanitaire soient devenus les

---

[80]Ivan Illich, *Némésis médicale. L'expropriation de la santé (Le Seuil, 1975),* Préface de Jean-Pierre Dupuy, Fayard, Paris, 2003, p. 36-37.
[81]Op.cit., p. 37.
[82]Op.cit., p. 37-38.

sources d'une nouvelle maladie: la maladie *iatrogène* et que « les mesures prises pour neutraliser l'*iatrogenèse* continueront à avoir un effet paradoxal », qu' « elles rendront cette maladie médicalement incurable encore plus insidieuse, tant que le public tolérera que la profession qui engendre cette maladie la cache comme une infection honteuse et se charge de son contrôle exclusif. »[83] Car, pour Illich, il s'agit de démontrer que « seule l'action politique et juridique peut maîtriser ce fléau contagieux qu'est l'invasion médicale, qu'elle se manifeste sous la forme d'une dépendance personnelle ou d'une médicalisation de la société. »[84]

Illich est persuadé que « l'intervention destructrice de l'homme sur le milieu s'est intensifiée parallèlement aux prétendus progrès de la médecine » et que « l'empoisonnement de la nature par l'industrie chimique est allé de pair avec la prétendue efficacité croissante des médicaments ; la malnutrition moderne, avec le progrès de la science diététique. »[85]

Quant à *l'iatrogenèse* clinique, Illich, dans le cours de son analyse critique de la médicalisation généralisée, ne cesse de stigmatiser certains abus, comme l'agression chirurgicale, « devenue un phénomène général »[86] ou « la manie de dépister des anomalies » engendrant « une nouvelle épidémie qu'on appelle parfois la « non-maladie » iatrogène. »[87] Cette maladie « se manifeste sous forme d'invalidité, d'exclusion de la vie sociale, d'angoisse et bien souvent de symptômes fonctionnels, l'ensemble ayant pour seule origine le diagnostic et le traitement prescrit », comme conséquence du fait que « dans certains cas, ce

---

[83]Op.cit. p. 44.
[84]Op.cit.,p. 45.
[85]Op.cit., p. 60.
[86]Op.cit., p. 80.
[87]Op.cit., p. 81.

diagnostic se fonde sur l'ignorance du médecin, dans d'autres cas, sur une erreur du laboratoire d'analyses, ou encore sur un malentendu avec le patient. »[88] Autrement dit, dans ce système dominé par « l'esprit scientifique » et un « savoir médical » devenu pratiquement incontrôlable, « tout contact avec l'entreprise médicale expose désormais le patient au danger de dommages psychiques »[89] se cristallisant dans des formes d'angoisse, de dépression de syndromes hypocondriaques pouvant même conduire au suicide... Voilà donc la triste réalité des hôpitaux d'aujourd'hui, dans notre « monde libre », fonctionnant selon une rationalité scientifique froide et technocratique, décrite ici par Illich, avec son regard désillusionné, de la façon suivante : « Ce qui, jadis, était considéré comme un abus de confiance et une faute morale peut désormais être rationalisé sous la forme d'une panne occasionnelle de l'équipement ou de ses opérateurs. Dans un hôpital où la technique est complexe, la négligence devient erreur humaine « aléatoire », l'insensibilité, « détachement scientifique » et l'incompétence, « manque d'équipements spécialisés ». La dépersonnalisation du diagnostic et de la thérapeutique a fait passer les malfaçons du domaine éthique au rang de problème technique. »[90] Et signe de notre temps, dans la plupart des cas où ces erreurs thérapeutiques ont fait l'objet de plaintes et de procès devant les tribunaux, notamment aux Etats-Unis, les médecins mis en cause ont été acquittés et aucun dédommagement n'a été versé aux victimes. Ivan Illich : « Les contrôles que les Ordres de médecins exercent sur leurs membres afin de neutraliser les brebis galeuses qui donnent une mauvaise réputation au corps dans son ensemble n'aboutissent qu'à lui donner un plus grand prestige pour poursuivre son action

---

[88]Op.cit., p. 81-82.
[89]Op.cit., p. 82-83.
[90]Op.cit.,p. 84.

iatrogène. »[91]

Un autre grand mérite – incontestable – de l'étude critique d'Illich consacrée à *l'iatrogenèse clinique* consiste dans son avertissement qu' « un des aspects les plus effrayants de la iatrogenèse clinique épidémique est sa capacité de résister à tout effort médical déployé en vue de la neutraliser et les infections les plus redoutables sont celles que l'on attrape dans la salle d'opération, où seuls les micro-organismes résistant aux fortes doses de bactéricides ont pu survivre (...[92]). Or le dilemme auquel nous sommes confrontés à ce sujet est bel et bien que « les mesures techniques et bureaucratiques prises pour éviter qu'une médecine maligne nuise au malade, tentent nécessairement à engendrer cette nouvelle catégorie de iatrogenèse dont l'étiologie est analogue à l'escalade destructrice engendrée par les mesures antipollution. »[93] C'est en tenant compte des travaux et recherches respectifs faits dans ce domaine par Jean-Pierre Dupuy et Serge Kersenty, qu'Illich critique aussi, dans ce contexte précis, l'invasion pharmaceutique qui avait déjà augmenté, pendant les années soixante, une augmentation des dépenses médicales, en France. Mais dans la même période, « le nombre de substances chimiques ordonnées par consultation s'est multiplié plus rapidement, car les médicaments les plus fréquemment prescrits sont pour la plupart des « associations » de plusieurs principes pharmaceutiques. » En fonction de cette évolution, de cette « invasion » du système de médecine par la pharmacopée, les prix des médicaments ont été constamment augmentés, « chaque médicament nouveau étant plus cher que celui qu'il chassait. »[94] Cette surconsommation de médicaments qui est si caractéristique pour cette médicalisation

---

[91]Op.cit, p. 85.
[92]Op.cit.,p. 87.
[93]Op.cit.,p. 88.
[94]Op.cit., p. 107.

croissante de nos sociétés, « est bien pire que le gaspillage ou la iatrogenèse clinique de type médicamenteux. » Il s'agirait, dans les faits, d'une surconsommation malsaine par l'effet social qu'elle produit et qui se reflète dans les attitudes du médecin et du malade. Le médecin recherche l'efficacité de l'acte technique même au prix de la santé du malade et celui-ci se soumet au réglage hétéronome de son organisme, ce qui veut dire qu'il se transforme en patient.[95] En fonction de cela, accoutumance et la dépendance de ces médicaments (notamment celle des tranquillisants) ont connu une augmentation vertigineuse (jusqu'à 290 % depuis 1962)[96].

A ce propos, Illich souligne à juste titre, que Salvador Allende, le malheureux Président de gauche du Chili, qui a été renversé par le coup d'Etat (golpe) sanglant du général Pinochet du 11 septembre 1973, qui était lui-même médecin, « a été jusqu'ici le seul homme d'Etat occidental qui ait essayé d'endiguer la progression abusive de médicaments. »[97] C'était aussi « le seul homme d'Etat à interdire l'importation au Chili de tout nouveau médicament qui n'aurait pas d'abord été testé sur le public nord-américain, pendant sept ans au moins, et à proposer une réduction de la pharmacopée nationale à quelques douzaines de produits. »[98] Bon nombre de médecins chiliens qui avaient réagi positivement à l'appel lancé par le Président Allende, furent assassinés par la Junte militaire qui avait pris le pouvoir le 11 septembre, dans la semaine qui suivit le coup d'Etat.[99] Ces assassinats faisaient partie de la destruction extrêmement brutale de toutes les réformes démocratiques, sociales et progressistes entreprises par le

---

[95]Op.cit.,p. 108.
[96]Op.cit., p. 109.
[97]Op.cit., p. 113.
[98]Ibid.
[99]Op.cit., p. 114.

gouvernement de « L'Unité populaire » (Unidad popular) du Chili, dans la période 1970-1973, par la dictature militaire du général Augusto Pinochet et de leur substitution par des mesures draconiennes anti-populaires ultra-libérales, celles recommandées par les économistes du « Club de Chicago » qui prirent leur fonction à Santiago du Chili, immédiatement après le coup d'Etat. De cette « purge » draconienne de type fasciste pratiquement tous les secteurs de la société civile chilienne de l'époque étaient concernés, mais en premier lieu les classes défavorisées, les travailleurs, les sous-privilégiés, une partie des classes moyennes et les pauvres... Les riches qui avaient contribué à mettre en place cette dictature barbare se frottaient les mains... Avec la disparition de Salvador Allende et des militants socialistes et communistes de l'Unité Populaire, la médecine de classe fut immédiatement rétablie....

Dans le cadre de sa critique de l'emprise médicale, dans nos sociétés, Illich attire aussi notre attention sur le sort spécifique réservé aux personnes âgées, à la vieillesse, également un sujet cher à André Gorz qui lui avait déjà consacré une analyse, dans un sous-chapitre de son livre *Fondements pour une morale (*1977)[100]. Malgré toutes les performances technologiques de la médecine moderne, aux Etat-Unis, « 82 % des vieux ayant une maladie grave meurent moins de trois mois après leur arrivée à l'hôpital. La mortalité des vieillards dans la première année de leur enfermement dans les cages d'or définitives est nettement supérieure à celle d'un groupe comparable laissé dans le milieu auquel il était accoutumé. Quitter sa famille, ou même le lit dans lequel on a dormi depuis une décennie, c'est pour le vieillard un facteur important de déclenchement des processus morbides. Encore plus remarquables sont les études qui indiquent que la mortalité

---

[100]Cf. André Gorz, *Fondements pour une morale*, Galilée, Paris 1980, p. 532 sq.

est supérieure dans le cas où le déclenchement de la maladie est associé à la séparation du domicile. Cela est prouvé pour l'asthme, le diabète sucré, le lupus érythémateux disséminé, les saignements utérins fonctionnels, l'arthrite sèche, la tuberculose et la colite ulcéreuse. L'instinct, d'ailleurs, révèle au vieillard la vraie fonction de son enfermement : il y a des vieillards qui le recherchent dans une intention de suicide. »[101] Le résultat global de la surexpansion de l'entreprise médicale est, inévitablement, le renforcement de l'hétéronomie et la perte croissante de l'autonomie de patients : « les individus et les groupes primaires sont frustrés du pouvoir de maîtriser leur corps et leur environnement. Les gynécologues, pédiatres, psychiatres et gériatres gèrent les institutions dans l'intérêt de l'Etat industriel, alors que des femmes, des jeunes, des originaux, des travailleurs ou des vieillards sains auraient la capacité de les gérer dans leur propre intérêt. Cette perte d'autonomie est de plus renforcée par un préjugé politique. La politique de la santé telle qu'on l'entend (…) place systématiquement l'amélioration des soins médicaux avant les facteurs qui permettraient de mettre en œuvre et d'améliorer la capacité de chacun à se prendre en charge. Au lieu de désigner la participation à l'ordre social et la possibilité d'agir sur lui, le mot « santé » en est devenu à signifier la capacité de supporter un ordre imposé par la logique hétéronome du mode industriel de production. »[102] Par conséquent, le vrai but d'une *éco-médecine alternative* échappant à cette logique ne peut que consister dans le renforcement de cette autonomie de la personne humaine devenue « patient ». Autrement dit, il s'agirait bien de mettre fin à une situation où le malade, devenu « patient », dès qu'il entre dans le cabinet d'un professionnel de la médecine ou à l'hôpital, devient automatiquement l'objet d'un regard purement

---

[101] Op.cit., p. 119-120.
[102] Op.cit., p. 182-183.

scientifique et objectivant d'un scientifique, le privant de sa subjectivité et de son autonomie et le soumettant de plus, impitoyablement, à des contraintes liées à cette logique. Certes, le remède préconisé à cette pratique courante ne peut pas consister à priver le malade de la possibilité de consulter son médecin traitant, mais bien à lui épargner des examens difficiles trop dangereux, comme par exemple la « cathédocardie », un examen cardiaque mortel pour chaque 50e patient subissant cet examen, et de lui éviter aussi des séjours trop longs à l'hôpital qui est et restera toujours le lieu privilégié pour être contaminé par des bactéries dangereuses, comme par exemple la bactérie « Klepsellia» qui a été transmise à un malheureux patient, sur la table de l'opération, lors d'une « lithotricie », à savoir d'une opération de la vessie, pratiquée, en septembre 2021, dans une clinique privée de la ville de Nice.

Or, l'hôpital fait pour « guérir » les patients dans la durée, peut bien générer de nouvelles maladies, et le fait qu'aux Etats-Unis, les patients soignés à l'hôpital pour des maladies liées à la vieillesse meurent au plus tard trois mois après leur admission, en est la meilleure attestation.

La lecture du chapitre IVe (« *Médecine, santé et société* ») du livre *Ecologie et politique* atteste qu'André Gorz adhère totalement à cette thèse d'Illich, à savoir à cette critique assez radicale de la « médicalisation » de notre société industrielle exprimée par Ivan Illich, dans *Némésis médicale* et aussi par Jean-Pierre Dupuy et Serge Karsenty, dans le livre *L'invasion pharmaceutique* [103]. Cette critique culminera dans la thèse que la médecine elle-même contribue à la multiplication des maladies, et cela de deux manières :

a) En tant qu'institution sociale, elle est chargée d'atténuer les symptômes qui rendent les malades inaptes au rôle que

---

[103] Cf. Jean-Pierre Dupuy/Serge Karsenty, *L'invasion pharmaceutique*, Seuil, « Points », Paris, 1977.

la société leur impartit. « En incitant les gens à porter leur maladie chez le médecin, la société les détourne de s'en prendre aux raisons fondamentales et permanentes de leur mal-être. En traitant les maladies comme des anomalies accidentelles et individuelles, la médecine en masque les raisons structurelles, qui sont sociales, économiques, politiques. Elle devient une technique pour faire accepter l'inacceptable. »[104] (…).

b) Une autre caractéristique de ce procédé de la médecine moderne et contemporaine est bien la *surmédicalisation* : « Être en bonne santé, c'est être capable d'assumer la maladie, comme d'ailleurs la puberté, le vieillissement, le changement, l'angoisse de la mort... Or, la *surmédicalisation* dispense ou empêche l'individu d'assumer tout cela. Elle multiplie les malades. C'est là ce qu'Illich appelle la « iatrogenèse structurelle » : c'est-à-dire l'engendrement structurel de la maladie par l'institution médicale. »[105] C'est pourquoi « dans une perspective révolutionnaire, la santé et le problème de la santé doivent être démédicalisés: l'une et l'autre sont le ressort non pas du médecin et de la médecine, mais de l'hygiène. »[106] L'hygiène est « l'ensemble des conduites et des règles que les gens observent par eux-mêmes pour conserver ou recouvrer leur santé. »[107] En reprenant les thèses centrales du livre d'Ivan Illich *Némésis médicale*, Gorz réaffirmera en effet qu'à l'époque de la Troisième révolution industrielle, à l'époque des *méga-outils* et de la *méga-industrie,* la médecine est en effet devenue, « de toutes les industries, la plus gaspilleuse, polluante et pathogène. Prétendant rafistoler cas par cas, individu par individu, des populations de plus en plus

---

[104] André Gorz/ Michel Bosquet, *Ecologie et Politique,* Galilée, Paris, 1975, Le Seuil (édition augmentée), Paris, 1978, p. 170.
[105] Op. cit., p. 171.
[106] Ibidem.
[107] Ibidem.

maladives, elle masque les causes profondes de leurs maladies, qui sont sociales, économiques et culturelles. Prétendant soulager toutes les souffrances et les angoisses, elle oublie que, en dernière analyse, les individus sont ravagés dans leur corps et leur psychisme par le mode de vie. La médecine, en les aidant à supporter ce qui les détruit, contribue finalement à cette destruction »[108].

Mais – pourrait-on objecter – n'est-ce pas un peu nier l'évidence que, précisément, grâce à Pasteur, à Robert Koch, grâce aussi à l'efficacité des vaccins, par exemple contre la variole, la diphtérie, la tuberculose etc., grâce aux antibiotiques et à la chimiothérapie, on peut quand même constater, depuis un certain temps, une régression réelle et significative des maladies infectieuses [109] ainsi que des progrès incontestables dans le combat de la médecine contre le cancer. Ces progrès sont-ils vraiment « insignifiants » ?

De même, nul ne peut désormais ignorer non plus que, suite aux progrès de l'industrie pharmaceutique, le vieillissement de la population des pays hautement industrialisés a beaucoup augmenté, pendant les dernières décennies, de sorte que l'âge moyen de décès des hommes est passé, au cours de la seconde moitié du XXe siècle, dans les pays européens, comme la France et l'Allemagne, ainsi qu'en Angleterre et aux Etats-Unis, à 76-77 ans, pour les hommes, et à 85-86 ans, pour les femmes. Ces « progrès » dûs à la médicalisation ne sont pas niés par Gorz. Mais en ce qui concerne la critique gorzienne de la médecine en général,

---

[108] Op.cit., p.172-173.
[109] Ainsi, par exemple, grâce aux sulfamides et au pneumo-thorax, les décès causés par la tuberculose pulmonaire ont chuté de manière spectaculaire, entre 1930 et 1950, dans tous les pays européens et aux Etats-Unis. (A.M.) En revanche, cette même médecine scientifique contemporaine a évidemment été incapable de guérir certaines autres maladies, comme par exemple l'arthrose (L'arthrite), les maladies dégénératives et les maladies intestinales. (A.M.)

définie comme « une pratique institutionnelle qui sélectionne les applications possibles des connaissances scientifiques et ces connaissances elles-mêmes, de manière à les rendre intégrables aux rapports sociaux et compatibles avec l'idéologie dominante de la société capitaliste industrialisée »[110], Gorz ne cesse de mettre en cause, comme le fait aussi Illich, cette médecine « bourgeoise » et son caractère de « classe », en lui reprochant principalement trois choses : (1) qu' « elle fait de la santé et de la maladie des états individuels, renvoyant à des « causes » naturelles ou accidentelles dont la dimension sociale est masquée »[111] ; (2) qu' « elle privilégie la consommation individuelle des biens et services marchands, réputés bons pour la santé, au détriment de tous les autres facteurs qu'elle préfère ne pas connaître » ; et (3) qu' « elle privilégie les 5 % de maladies rares, requérant des soins très spécialisés et des équipements coûteux et complexes, par rapport aux 95% des maladies les plus répandues, et elle valorise en conséquence les connaissances médicales relatives aux maladies rares qui occupent le sommet de la pyramide hiérarchique et valent à leurs détenteurs le statut et les revenus les plus élevés. »[112] Ignorant les raisons et déterminants sociaux des maladies, la médecine « fait grand cas de la lutte chimique contre les infections microbiennes, des prouesses chirurgicales, des appareils de dialyse ou des unités de soins intensifs capables, dans certains cas, de sauver de rares individus gravement atteints » ; mais son grand défaut est et demeure que, « dans sa lutte contre les causes de la maladie, elle ne veut connaître que celles que le médecin peut attaquer au niveau de l'organisme individuel, sans remonter aux déterminants sociaux,

---

[110] Cf. André Gorz/Michel Bosquet, Op.cit.,p. 213.
[111] Op.cit., p. 214.
[112] Op. cit., p. 215.

économiques, culturels. »[113] En ces termes, la médecine telle qu'elle se présente aujourd'hui, dans nos sociétés de consommation à niveau très élevé, est accusée par Gorz d'être toujours, dans sa pratique, « un commerce », parce que « les rapports entre les professionnels des soins médicaux [donc : les médecins, les infirmières, le personnel soignant] et le public sont des rapports marchands : le professionnel vend ce que les patients demandent ou acceptent d'acheter individuellement ; aucune collectivité demanderesse de technique médicale ne s'adresse à des collectifs de médecins en vue d'une action sur les conditions collectives. Les rapports sociaux bourgeois, et tout particulièrement les rapports marchands, déterminent ainsi la façon dont les médecins conçoivent leur rôle et dont la médecine aborde le problème de la maladie, de ses causes et de ses remèdes. Et la médecine, loin de s'insurger contre les amputations et les déformations que les rapports sociaux bourgeois imposent aux techniques et aux connaissances médicales, est encore un des plus solides bastions de ces rapports sociaux. » [114] (...) « La médecine tient son « impartialité » pour la condition de sa crédibilité « scientifique » et, comme toutes les institutions qui sont partie prenante de l'ordre établi, elle conçoit « l'impartialité » comme l'acceptation des normes dominantes et du pouvoir de la classe dominante. »[115] André Gorz perçoit en effet l'autorité médicale fondée sur cette idéologie scientifique dominante comme un processus qui comme il « exproprie les individus de leurs moyens de travail, de leurs produits et de leur force de travail, les exproprie[116] aussi de la santé et de la maladie : de même qu'ils doivent

---

[113] Op.cit., p. 216.
[114] Op.cit., p. 217.
[115] Op.cit., p. 218.
[116] Cf. Ivan Illich, *Némémis médicale. (L'expropriation de la santé)*, Le Seuil, Paris, 1973.

renoncer à la libre disposition de leur force de travail en faveur d'un patron, ils doivent renoncer à leur souveraineté corporelle pour confier leur corps à l'autorité médicale. »[117] Devenus ainsi de purs objets du regard scientifique froid d'un médecin tout-puissant, ils sont ainsi privés, surtout pendant l'hospitalisation, de leurs autonomie et même de leur liberté. « La soumission à la « science » du médecin conditionne les individus à se soumettre à « ceux qui savent et à déléguer tous les pouvoirs aux experts. » Comme le note Gorz, ici « la soumission à l'autorité médicale et la soumission à l'autorité technocratique vont de pair : il n'est pas de pays qui compte autant de vaccinations obligatoires que la France, et pas de pays non plus où le pouvoir de l'administration centrale sur les « citoyens » soit aussi prononcé. »[118] Et ce qui caractérise ce système dominé par l'idéologie de la *hiérarchie,* c'est qu'au sein même de ce système la position la plus élevée est toujours accordée au « mandarin hyperspécialisé, capable de diagnostiquer le cas exceptionnel qui ne se présente qu'une fois sur un million. »[119] Autrement dit : « Le mandarin hyperspécialisé, détenteur d'une compétence nécessairement rare, puisque les maladies qu'il étudie sont exceptionnelles, fait progresser la science et perpétue par là le monopole et le pouvoir de la profession. Il occupe de ce fait le sommet de la pyramide professionnelle, même s'il ne contribue point à l'amélioration de la santé des gens (...). Laissée à elle-même, toute profession fermée tend à se doter de structures mandarinales et à placer son auto-reproduction, la perpétuation de ses privilèges et de ses pouvoirs, au-dessus de tout autre but. »[120]

Pour remédier à cette situation, il ne reste – et à ce propos

---

[117] Op.cit., p. 220.
[118] Op.cit.,p. 220-221.
[119] Op.cit.,p. 222.
[120] Op.cit., p. 223.

il y a encore une convergence quasiment totale entre Gorz et Illich – que l'exigence de la dé-professionnalisation de la médecine, de la lutte contre la hiérarchisation excessive du corps médical et de sa réorganisation selon des critères plus humains et plus adéquats aux besoins réels des patients et des gens. Mais cela se heurtera, nécessairement, à des réflexes et à des formes de résistance de type corporatiste très fermes de la part de cette élite de médecins d'une ampleur telle qu' une telle démocratisation de la médecine dominée par la techno-science, par le pouvoir médical et par la toute-puissance des technologies modernes paraît peu probable pour un avenir proche. Mais cela devrait malgré tout rester le but envisagé d'une humanisation et d'une démocratisation du système actuel de santé.

L'ironie de l'histoire a voulu que ce diagnostic pessimiste et négatif d'André Gorz et d'Illich concernant la médecine, ses « gloires » et sa « misère », dans nos sociétés bourgeoises de consommation, à l'ère de la globalisation néo-libérale, trouva une confirmation tout à fait inattendue par le fait qu'à la fin des années 90, une erreur médicale fatale frappa le couple même d'André Gorz : une erreur médicale avait déclenché chez Dorine Keir, l'épouse d'André Gorz, qui était aussi, pendant toute sa vie d'écrivain et de journaliste, son assistante et sa documentaliste dévouée, une maladie dégénérative grave incurable, provoquée par l'injection d'un colorant, lors d'un examen, qui a atteint le cerveau, en lui causant des douleurs permanentes insupportables. C'est pour mettre enfin un terme à ces souffrances terribles et ne supportant pas l'idée de devoir survivre seul, après le décès fort probable de son épouse, des suites de cette maladie, que le couple malheureux avait pris la décision, fin septembre 2007, de se suicider, à Vosnos. C'est par ce geste à tous égards « héroïque » qu'est mort, avec son épouse, le 22 septembre 2023, l'auteur du livre *Ecologie et politique* (1975) et d'autant d'autres ouvrages et essais qui nous avaient bien mis en garde contre les grands dangers de la médecine contemporaine, contre la *dérive* « scientiste » d'une médicalisation expropriant le malade et son corps, d'une médecine engendrant, toujours au nom du combat contre les maladies, des maladies nouvelles, précisément par la voie de *l'iatrogenèse* structurelle.

N'oublions pas, dans ce contexte, à quelle conclusion Gorz/Bosquet parvient, dans le chapitre intitulé « Médecine, santé et société » de son livre *Ecologie et politique :*
« Il faut, pense Illich, démédicaliser la santé tout comme il faut déscolariser[121] l'accès au savoir (l'école) ; car, de même que nous ne retrouverons la culture que si elle est arrachée à l'école pour devenir possibilité d'apprendre, d'enseigner, de créer partout où l'on se trouve et quoi qu'on fasse, de même nous ne retrouverons la santé que si elle cesse d'être l'affaire des spécialistes pour devenir une tâche et une vertu partout présentes, réglant en permanence la vie individuelle et collective. »[122]

2) LA CONVIVIALITÉ

Nul autre intellectuel de gauche français, ayant grandi à l'ombre de Sartre et des partisans de l'auto-gestion socialiste (CFDT) n'a été autant influencé par Illich qu'André Gorz qui, dans le sous-chapitre consacré au rapport de l'économie politique et de l'écologie à Marx et à Illich, de son essai *Ecologie et Liberté* [123], tient à souligner que *L'homo oeconomicus,* c'est-à-dire l'individu abstrait qui sert de support aux raisonnements économiques, a cette caractéristique de *ne pas consommer ce qu'il produit et de ne pas produire ce qu'il consomme.* Par conséquent, il ne se

---

[121] Cf. Ivan Illich, *Une société sans école*, Le Seuil, Paris 1971, rééd. 1980, 2015.
[122] Op.cit., p. 208.
[123] André Gorz/Michel Bosquet, *Ecologie et Politique*, Le Seuil, Paris, 1978, p. 20 sqq.

pose jamais des questions de qualité, d'utilité, d'agrément, de beauté, de bonheur, de liberté et de morale, mais seulement des questions de valeur d'échange, de flux, de volumes quantitatifs et d'équilibre global. » Et il nous rappelle que l'alternative à cela, selon Marx, était bien la suivante :« ou bien les individus parviennent à se regrouper et, pour soumettre les processus économiques à leur volonté commune, remplacent la division sociale du travail par la coopération volontaire des producteurs associés ; ou bien les individus demeurent dispersés et divisés : dans ce cas, les processus économiques anéantiront leurs buts et, tôt ou tard, un Etat fort leur imposera d'autorité, en vue de ses buts extérieurs, la coopération dont ils ont été incapables par eux-mêmes en vue de buts communs qui leur fussent propres : « Socialisme ou barbarie »[124].

De nouveau, à ce propos, la forte influence exercée sur lui par Ivan Illich est attestée notamment, dès le premier chapitre d' *Ecologie et Politique*, par les emprunts faits volontairement à deux concept-clé de la pensée illichienne, à savoir les concepts de « contre-productivité » et celui de « convivialité ». Pour comprendre et pour critiquer les contre-productivités d'une économie de la croissance, il faut donc rompre, nous rappelle Gorz, avec la rationalité économique. C'est ce que fait l'écologie : elle nous révèle que la réponse aux raretés, nuisances, encombrements et impasses de la civilisation industrielle doit être cherchée souvent non dans un accroissement mais dans une *limitation* ou une réduction de la production matérielle. Elle démontre qu'il peut être plus efficace et « productif » de ménager les stocks naturels que de les exploiter, de soutenir les cycles naturels que d'intervenir en eux. »[125]

Il ne relève donc pas du tout du « hasard » que Gorz, en tant que défenseur d'un écologisme radical, se barricade à ce

---

[124] Op. cit., p 21.
[125] Op.cit., p. 23.

propos volontairement derrière l'auteur de la *Convivialité* qui, selon lui, a été « le premier à comprendre cela », tout en mettant en exergue que « l'alternative qu'il voit est la suivante : – ou bien nous nous regroupons pour imposer à la production institutionnelle et aux techniques des limites qui ménagent les ressources naturelles, préservent les équilibres propices à la vie, favorisent l'épanouissement et la souveraineté des communautés et des individus : c'est l'option conviviale ; ou bien les limites nécessaires à la préservation de la vie seront calculées et planifiées centralement par des ingénieurs écologistes, et la production programmée d'un milieu de vie optimal sera confiée à des institutions centralisées et des techniques lourdes. C'est « l'option techno-fasciste sur la voie de laquelle nous sommes déjà plus qu'à moitié engagés. » L'alternative est (sera) donc : Convivialite ou techno-fascisme.[126] Gorz est apparemment persuadé que le rejet du techno-fascisme par l'écologisme « ne procède pas d'une science des équilibres naturels mais d'une option politique et de civilisation. L'écologisme utilise l'écologie comme le levier d'une critique radicale de cette civilisation et de cette société. Mais l'écologie peut aussi être utilisée pour l'exaltation de l'ingénierie appliquée aux systèmes vivants. »[127]

En outre, Gorz marche aussi dans les pas d'Illich lorsqu'il le rejoint volontairement dans son exigence d'une « inversion des outils » comme condition fondamentale au changement de la société, ce qui permettrait d'obtenir « le développement de la coopération volontaire » ainsi que « l'épanouissement et la souveraineté des communautés et des individus »[128]. Car sans changement des outils, le changement de société restera formel et illusoire. Ce n'est

---

[126] Ibidem.
[127] Op.cit., p. 24.
[128] Op.cit., p. 26.

donc plus l'outil qui se soumet l'homme, mais l'homme qui maîtrisera et dominera l'outil. C'est exactement ce que nous enseigne Ivan Illich, dans *La convivialité*. Rappelons seulement ce que souligne à ce propos Illich, dans le chapitre 2 (« La reconstruction conviviale ») de son livre : « La solution de la crise exige une radicale volte-face : ce n'est qu'en renversant la structure profonde qui règle le rapport de l'homme à l'outil que nous pourrons nous donner des outils justes. L'outil juste répond à trois exigences : il est générateur d'efficience sans dégrader l'autonomie personnelle, il ne suscite ni esclaves ni maîtres, il élargit le rayon d'action personnel. L'homme a besoin d'un outil avec lequel travailler, non d'un outillage qui travaille à sa place. Il a besoin d'une technologie qui tire le meilleur parti de l'énergie et de l'imagination personnelles, non d'une technologie qui l'asservisse et le programme. » Il faut donc inverser radicalement les institutions industrielles, et reconstruire la société de fond en comble. »[129] Il faut donc créer un nouveau système de production fondé sur la dimension personnelle et communautaire. C'est en substituant l'hétéronomie du système de production du capitalisme dominant par l'autonomie des individus associés, que sera créée la nouvelle production sociale « conviviale », « la convivialité se définit comme l'inverse de la productivité industrielle. »[130] « Le passage de la productivité à la convivialité est le passage de la répétition du manque à la spontanéité du don (…). La relation conviviale, toujours neuve, est le fait de personnes qui participent à la création de la vie sociale. Passer de la productivité à la convivialité, c'est substituer à une valeur technique une valeur éthique, à une valeur matérialisée une valeur réalisée. La convivialité est la liberté individuelle réalisée dans la relation de production au sein d'une société

---

[129] Op.cit., p. 27.
[130] Op.cit., p. 28.

dotée d'outils efficaces. Lorsqu'une société n'importe laquelle, refoule la convivialité en deçà d'un certain niveau, elle devient la proie du manque ; car aucune hypertrophie de la productivité ne parviendra jamais à satisfaire les besoins créés et multipliés à l'envie ».[131] Illich oppose cette vision, cette utopie « concrète » d'une société conviviale autogérée à la menace d'une apocalypse technocratique, Gorz à celle du techno-fascisme ; et celle-ci reposera, comme le souligne Illich, « sur des *contrats sociaux* qui garantissent à chacun l'accès le plus large et le plus libre aux outils de la communauté, à la seule condition de ne pas léser l'égale liberté d'accès d'autrui. »[132] Quel sera alors le prix de cette inversion ? A ce propos, nous ne pouvons que constater encore une fois un accord presque total entre les vues respectives d'Illich et de Gorz, aussi au niveau du réalisme qui fait affirmer les deux philosophes écologistes que le passage à une société conviviale ne sera certes pas « facile » et s'accompagnera nécessairement d'extrêmes souffrances : « famine chez les uns, panique chez les autres.(...) Pour survivre, « il faut des sacrifices et des choix difficiles.Une de ces exigences est « un renoncement général à la surpopulation, à la surabondance et au surpouvoir, qu'il soient le fait d'individus ou de groupes (…). Cela revient à renoncer au pouvoir, pour le service des autres comme de soi. La survie dans l'équité ne sera ni le fait d'un oukase des bureaucrates ni l'effet d'un calcul des technocrates. Elle est le résultat du réalisme des humbles. La convivialité n'a pas de prix, mais on sait trop bien ce qu'il en coûtera de se déprendre du modèle actuel. L'homme trouvera la joie de la sobriété et de l'austérité, en réapprenant à dépendre de l'autre, au lieu de se faire l'esclave de l'énergie et de la bureaucratie toute-

---

[131] Ibidem.
[132]. Illich, *La convivialité. Préface inédite d'Hervé Kempf*, Le Seuil, Paris, 1973, 2021, p.30.

puissante. »¹³³ André Gorz empruntera à Illich non seulement ce concept de *sobriété* (« produire moins mais mieux) », d'« inversement des outils » et de remplacement du système dominant de production du capitalisme par un système de la production autonome et conviviale de la coopération volontaire, mais il articulera aussi cette vision libératrice d'une alternative réelle au mode de production capitaliste à sa vision spécifique d'un socialisme autogestionnaire. En soulignant que « l'exigence écologiste est, dans sa spécificité, une dimension indispensable de la lutte anticapitaliste, il affirme que « seule la gauche socialiste et autogestionnaire pourrait prendre en charge politiquement cette exigence. Elle n'en est pas encore là, ni dans sa pratique, ni dans son programme. C'est pourquoi le mouvement écologiste doit continuer d'affirmer sa spécificité et son autonomie. »¹³⁴

Avec cette option politique radicale, Gorz dépasse évidemment en radicalité Ivan Illich pour lequel le capitalisme et le socialisme étatiques ne sont que les deux faces et formes d'expression d'une même vision de société industrielle, même s'il partage avec Illich le point de vue critique que le socialisme n'est pas immunisé contre le techno-fascisme, parce qu' « il risque, au contraire, d'y basculer d'autant plus facilement qu'il perfectionnera et multipliera les pouvoirs d'Etat sans développer simultanément l'autonomie de la société civile. »¹³⁵ Néanmoins, sa critique du capitalisme est bien plus radicale et marxiste que celle d'Illich dans la mesure où il utilise les concepts et théorèmes marxistes relatifs à la « composition organique du capital », à « l'accumulation du profit par le capitaliste » et à la « baisse tendancielle du taux de profit », pour souligner que Marx a bien « fait la démonstration que, tôt

---

[133] Op.cit.,p. 32-33.
[134] Gorz, Op.cit., p. 27.
[135] Ibidem.

ou tard, le taux de profit se mettra à baisser : plus on utilise le capital pour produire un même quantum de marchandises, plus le profit qu'on tire de cette production tend à devenir faible en regard de la masse de capital utilisée. Cette masse ne peut pas croître à l'infini. »[136] La crise actuelle est donc bien le résultat, la conséquence logique de cette suraccumulation : « Des quantités croissantes d'énergie, de travail, de matières et de capital sont « consommées » sans que les gens s'en trouvent beaucoup mieux. La production se fait de plus en plus destructive et gaspilleuse ; la destruction des produits est intégrée dans leur conception, leur usure est programmée. » [137] Conséquence : On ferme des usines, on délocalise la production...

Néanmoins, Gorz est toujours assez proche des vues d'Illich dans la perception du problème de la « modernisation de la pauvreté » dans les sociétés qui produisent constamment des « richesses ». Comme Gorz le souligne, dans *Ecologie et Liberté*, dans nos sociétés d'un niveau de consommation très élevée, « la pauvreté signifie par définition privation de jouissances accessibles à d'autres : les riches ».

Elle est par essence relative et devrait a priori, être distinguée de la *paupérisation (Verarmung)* et de « l'immisération (Verelendung), des termes déjà utilisés par Marx. : « Pas plus qu'il n'y a de pauvres quand il n'y a pas de riches, pas plus il ne peut y avoir de riches quand il n'y a pas de pauvres : quand tout le monde est « riche », personne ne l'est ; de même quand tout le monde est « pauvre »[138]. La pauvreté dans les pays riches a pour cause « non pas l'insuffisance des productions mais la nature des biens produits, la manière de les produire et de les répartir. La pauvreté ne sera supprimée que si on cesse de produire

---

[136] Op.cit., p. 30.
[137] Op.cit.,p. 31.
[138] Op..cit., p. 38.

socialement des richesses rares, c'est-à-dire réservées et exclusives par essence. Seul mérite d'être produit socialement que ce qui ne privilégie ni abaisse personne. »[139]

Dans ses « Sept thèses en guise de conclusion » de son essai *Ecologie et Liberté*, Gorz précise aussi que dans une économie, une production réorganisée selon les principes du travail social nécessaire, la réduction inévitable du travail devrait aller de pair avec l'expansion des *activités autogérées et libres* : « En plus du nécessaire qui leur est assuré par la production sociale, les individus pourront créer, pendant leur temps libre, seuls ou collectivement, tout le superflu qui leur paraît désirable. La production d'une variété illimitée de biens et services dans les ateliers et coopératives de voisinage assurera l'expansion de la sphère de la liberté et le dépérissement des rapports marchands ; l'expansion de la société civile et le dépérissement de l'Etat».[140]

C'est pour illustrer ces thèses que Gorz conclut ses réflexions critiques dans son essai *Ecologie et Liberté*, avec cette grande esquisse d'une utopie possible parmi d'autres exhibée au grand public pour expliciter davantage ce mot d'ordre du « produire moins, mieux et autrement », complété par la revendication du « droit au travail libre et au temps libre »[141], et cela dans le cadre d'un programme de gouvernement « pour une autre croissance et une autre économie, avec d'autres structures. »[142] Gorz frôle en effet un peu *l'Utopie* de Thomas More[143] où tous les « utopiens » sont égaux et libres, où l'argent est supprimé et où chacun

---

[139] Op. cit., p. 52.
[140] Op.cit., p. 53
[141] Op.cit., p. 55.
[142] Ibidem.
[143] Cf. Thomas More, *Utopia* (1516), New York, Norton edition, 1992 ; Cf. « Utopia » de Thomas More (première leçon), par Michèle Madonna Desbazeille, Ellipses, Paris 1998.

reçoit le nécessaire selon ses besoins, en affirmant le principe que « tout adulte aura droit à tout le nécessaire, qu'il occupe ou non un emploi. » Autrement dit, « lorsque l'appareil de production atteint une efficacité technique telle qu'une fraction de la force de travail disponible suffit à couvrir les besoins de la population, « il n'est plus possible de faire dépendre le droit à un plein revenu de l'occupation d'un emploi à plein temps. » La condition préalable de la concrétisation de ce principe est la socialisation des entreprises et l'institution du pouvoir des travailleurs sur les moyens de production. Mais il faudrait qu'on aille encore plus loin, il faudrait, nous précise Gorz, dans son utopie, « que les individus et les groupes reprennent le pouvoir sur l'organisation de leur *existence,* de leur milieu de vie et de leurs échanges. « La reconquête et l'extension des autonomies individuelle et communautaire est notre seule chance d'éviter la dictature des appareils d'Etat. » [144] S'inspirant simultanément des revendications de Marx et d'Engels de la nécessité du dépérissement progressif de l'Etat, au cours de ce processus révolutionnaire de la prise du pouvoir sur la production par le collectif des travailleurs associés, et de l'exemple de la lutte des travailleurs de chez LIP[145] à Besançon, en 1973, au cours de laquelle la grève des travailleuses et des travailleurs a été transformée, par des assemblées générales en « grève active », permettant au collectif des travailleurs de s'emparer des moyens de production pour produire désormais les montres LIP selon leurs propres normes non-capitalistes, de les fabriquer et de les vendre (commercialiser) eux-mêmes, André Gorz ne cesse de souligner que dans le cadre de la concrétisation de ces nouveaux principes du produire, de vendre et de l'être

---

[144] Op. cit., p. 56.
[145] Cf. Arno Münster, *Der Kampf bei LIP (Arbeiterselbstverwaltung in Frankreich),* (La lutte de chez LIP. L'Autogestion en France), Rotbuch-Verlag, Berlin, 1974.

et de vivre-ensemble, « il leur appartenait de se réunir en assemblées générales et en groupes de travail spécialisés, selon la méthode, mise au point chez LIP, de la division du travail d'élaboration et de la prise en commun de toutes les décisions. » Dans ces assemblées il devait être décidé que la durée du travail hebdomadaire à l'entreprise soit limitée à vingt-quatre heures ; « ils seraient libres d'occuper pendant certaines périodes deux ou trois emplois simultanés à temps partiel, ou de travailler dans l'agriculture vers la fin de l'été, dans le bâtiment au printemps, bref d'apprendre et d'exercer de pair plusieurs métiers. Il leur appartenait de mettre sur pied à cette fin une bourse aux échanges d'emplois, étant entendu que les vingt-quatre heures hebdomadaires payées deux mille francs par mois devraient être prises pour base moyenne. »[146] Avec deux mille francs par mois, deux personnes devaient pouvoir vivre très décemment... Cette nouvelle société libre de l'avenir ainsi esquissée, donc : une société libérée des contraintes du mode de production capitaliste et d'un Etat central bureaucratisé, confierait un pouvoir de décision et d'initiative particulier aux *communautés de base* : « Chaque quartier, chaque ville, voire chaque grand immeuble, devait se doter de ses ateliers de création et de production libre où les gens, durant leurs loisirs, produiront selon leurs désirs, avec une gamme d'outils de plus en plus perfectionnée, y compris la vidéo et la télévision en circuit fermé. La semaine de 24 heures et la garantie de ressources permettraient aux gens de s'organiser entre eux pour se rendre des services (garde d'enfants, aide aux vieillards, transmission de connaissances) et acquérir en commun les équipements collectifs désirables (...) Le gouvernement a pour vocation d'abdiquer entre les mains du peuple.[147] »
Dans ses écrits et publications ultérieures, André Gorz a

---

[146] Op.cit., p. 57.
[147] Op.cit., p. 59.

encore complété cette « utopie du possible » d'une société libre, autogérée, coopérative et conviviale fondée sur le principe de la « sobriété », de la réduction drastique du temps de travail et du « produire moins, mais mieux » par la revendication d'un *Revenu d'Existence (*Existenzgeld)devant être payé à chaque adulte ayant atteint l'âge du travail, au moins pendant 5 ans, contre 20 000 heures d'un travail « socialement utile et nécessaire. » Il a ainsi contribué à déclencher un grand débat politique et social sur ce qu'on appelle, en Allemagne, le « Grundeinkommen »[148], un débat qui a conduit, entre autres, au sein des partis de gauche, en France, Benoît Hamon, de l'aile gauche du « Parti Socialiste », à inclure cette revendication dans son programme de candidature aux élections présidentielles de l'année 2017 ; mais le faible score qu'il a obtenu, avec cela, au premier tour de cette élection, a rapidement découragé une grande partie de l'électorat de gauche et aussi les élus socialistes à continuer de se réclamer de cette revendication, essentiellement, à cause des grandes difficultés de financement d'une telle mesure sociale « révolutionnaire », notamment dans le contexte de la grande dégradation de la situation des finances publiques, en France, suite à la récession causée par l'épidémie du Covid-19, aux effets négatifs de la guerre en Ukraine (l'agression russe), à l'inflation et surtout au grand endettement de l'Etat français qui entre-temps a atteint le chiffre record de 112% du P.I.B. A ce sujet, Gorz a cependant toujours défendu, jusqu'à la fin, le principe que,

---

[148] Cf. à ce propos les travaux de Ronald *Blaschke,* le fondateur du réseau allemand « Grundeinkommen in Deutschland » (Le Revenu existentiel en Allemagne) ainsi que des réseaux européens « Unconditional Basic Income Europe » et « Unconditional Basic Income - European Initatiative. » Au colloque » Gorz » du « Club of Vienna » du 12 juillet 2023, à Vienne, Blaschke a contribué, entre autres, une conférence intitulée «La socialisation au-delà du travail salarié. Des mouvements de pensée avec André Gorz. »

malgré toutes ces difficultés budgétaires, cette mesure sociale devait être surtout financée par la taxation des très hauts revenus, à savoir celle des riches, voire par un « impôt sur la fortune » que le premier gouvernement Macron a supprimé. Au moment où nous écrivons, il n'y a, malheureusement, plus de débat en France sur le Revenu d'existence inconditionnel....

3. CRITIQUE DE L'IDEOLOGIE DE LA BAGNOLE

Or, l'affinité de pensée entre Gorz et Illich n'est pas limitée à la critique radicale de la société industrielle et du capitalisme, à l'esquisse de *l'utopie d'un monde autre*, coopératif, déployant les potentialités des énergies créatrices de chacun et garantissant *l'autonomie* de chaque travailleur face à *l'hétéronomie* d'un système hiérarchique, étant au service de l'accumulation du profit par un seul propriétaire-entrepreneur et de la classe des possédants, mais elle se manifeste aussi au niveau de la *critique de l'idéologie de la bagnole*. Comme Illich, Gorz est persuadé que le vice profond des bagnoles est qu'elles ont été conçues comme des biens de luxe pour une classe de privilégiés, pour « le plaisir exclusif d'une minorité de très riches » [149] ,avant de devenir, pendant les « trente glorieuses », le symbole même de la prospérité relative des classes moyennes, dans les sociétés de consommation à haut niveau technologique. « Et le luxe, par essence, cela ne se démocratise pas : si tout le monde accède au luxe, plus personne n'en tire d'avantages ; au contraire : tout le monde roule, frustre et dépossède les autres et est roulé, frustré et dépossédé par eux. »[150] Le *mythe automobile* qui est ainsi né, doit selon Gorz son origine et sa propagation au fait que « pour la première fois, des hommes chevauchaient des véhicules individuels dont les mécanismes de

---

[149] Andé Gorz/Michel Bosquet, *Ecologie politique,* p.77.
[150] André Gorz, « L'idéologie sociale de la bagnole », Op.cit., p. 77.

fonctionnement leur étaient totalement inconnus, dont l'entretien et même l'alimentation devaient être confiés par eux à des spécialistes. »[151] Pour la première fois dans l'histoire, les hommes devenaient complètement dépendants de l'énergie fournie par les pétroliers : « La situation dont rêve tout capitaliste allait se réaliser : tous les hommes allaient dépendre pour leurs besoins quotidiens d'une marchandise dont une seule industrie détiendrait le monopole. »[152]
Désillusionné, Gorz souligne la « duperie » dont ont été victimes les ouvriers et les classes subalternes lorsqu'ils ont été incités par ce mythe à l'acquisition d'une voiture : « On leur avait promis un privilège de bourgeois ; ils s'étaient endettés pour y avoir accès et voici qu'ils s'apercevaient que tout le monde y accédait en même temps. Mais qu'est-ce qu'un privilège si tout le monde y accède ? C'est un marché de dupes. Pis, c'est chacun contre tous. C'est la paralysie générale pour empoignade générale. Car lorsque tout le monde prétend rouler à la vitesse privilégiée des bourgeois, le résultat est que rien ne roule plus, que la vitesse de circulation urbaine tombe –à Boston comme à Paris, à Rome ou à Londres – au-dessous de celle de l'omnibus à cheval et que la moyenne, sur les routes de dégagement, en fin de semaine, tombe au-dessous de la vitesse d'un cycliste. »[153] C'est en se référant explicitement aux analyses et conclusions consacrées à ce sujet par Illich, à la situation des grandes villes américaines, dans son livre *Energie et Equité* [154], qu'André Gorz soulignera cette situation absurde qu'a créé ce mythe du « *tout automobile* » par la généralisation grotesque des bouchons sur les autoroutes, entraînant une baisse énorme de la vitesse : « L'homme à

---

[151] Ibidem.
[152] Op.cit., p. 80.
[153] Op. cit., p.81.
[154] Le Seui, Paris, 1973.

pied couvre autant de kilomètres en une heure consacrée au transport que l'homme à moteur, mais il consacre à ses déplacements cinq à dix fois moins de temps que ce dernier. Moralité : plus une société diffuse des véhicules rapides, plus – passé un certain seuil – les gens y passent et y perdent du temps à se déplacer. C'est mathématique. »[155] Quand on habite par exemple à 50 kilomètres du lieu de travail, ce qui est tout à fait « normal », aujourd'hui, la voiture permet désormais d'y aller à 100 km/l'heure, sur une autoroute, mais au prix de perdre une demi-heure pour couvrir les dix derniers kilomètres. C'est donc encore une fois Ivan Illich qui avait raison lorsqu'il constata : « Les gens travaillent une bonne partie de la journée pour payer les déplacements nécessaires pour se rendre au travail. »[156] Nul doute qu'à cause de la pollution et de l'émission massive des gaz d'effet de serre (CO_2), les grandes villes sont devenues, à cause de la voiture, du moins pour une bonne partie, un enfer. Et c'est bien la bagnole qui a rendu la grande ville inhabitable. :« Elle l'a rendue puante, bruyante, asphyxiante, poussiéreuse, engorgée au point que les gens n'ont plus envie de sortir le soir. Alors, puisque les bagnoles ont tué la ville, il faut davantage de bagnoles encore plus rapides pour fuir sur des autoroutes vers des banlieues encore plus lointaines. Impeccable circularité : donnez-nous plus de bagnoles pour fuir les ravages que causent les bagnoles.» [157] Par conséquent, il faudrait donc « reconstruire » les villes, développer au maximum les moyens de transport collectifs, créer autour des immeubles des espaces communs et de communication, et réduire drastiquement le nombre des bagnoles. Il faudrait que ces territoires (ces banlieues) soient rendues *habitables* et pas

---

[155] Op.cit., p. 82.
[156] Ivan Illich, « *Energie et Equité* », Le Seuil, Paris, 1973 ; cf. A. Gorz/M. Bosquet, *Ecologie et politique*, p.83.
[157] A. Gorz/M. Bosquet, Op.cit., p. 83.

circulables, « que le quartier ou la commune redevienne le microcosme modelé par et pour toutes les activités humaines, où les gens travaillent, habitent, se détendent, s'instruisent, communiquent, s'ébrouent et gèrent en commun le milieu de leur vie commune. »[158] Dans ces villes nouvelles, les habitants disposeront pour leurs déplacements quotidiens d'« une gamme complète de moyens de transport adaptés à une ville moyenne : bicyclettes municipales, trams ou trolleybus, taxis électriques sans chauffeur.(...) La bagnole aura cessé d'être un besoin. C'est que tout aura changé : le monde, la vie, les gens.» Dans ces villes nouvelles, « travail, culture, communication, plaisir, satisfaction des besoins et vie personnelle peuvent et doivent être une seule et même chose : l'unité d'une vie, soutenue par le tissu social de la commune.» [159] Aujourd'hui, cinquante ans après cette esquisse par André Gorz de ce projet utopique d'une ville alternative sans bagnole et sans pollution, d'une ville autogérée où tous les habitants communiquent entre eux, en partageant leur travail et leurs plaisirs, la crise énergétique et la nécessité d'appliquer les accords de la Conférence de Paris sur le climat de 2015 a eu comme conséquence inévitable que la bagnole « classique » roulant avec un moteur à explosion va progressivement disparaître et que jusqu'en 2050 toutes ces voitures seront remplacées par des voitures électriques. Cela diminuera certes fortement la pollution des villes, mais ne changera en rien le caractère *individualiste* et bourgeois de la bagnole. Or, du moins en ce moment, le prix des nouvelles voitures électriques (importées de Chine) est si élevé que seule une minorité de privilégiés peut en faire l'acquisition. Et même si un beau jour la quasi-totalité des bagnoles anciennes dépendant du pétrole sera remplacée par des voitures électriques, cela ne

---

[158] Gorz, Op.cit.,p. 86.
[159] Op.cit., p. 87.

diminuera pas nécessairement les comportements agressifs entre automobilistes ni le nombre des accidents de la route. La voiture électrique individuelle pourrait donc être une alternative problématique, aggravant encore davantage les inégalités sociales dans le domaine des transports urbains, même si la baisse considérable des émissions de gaz à effets de serre (CO_2) obtenue par l'électrification constituera incontestablement un progrès.

Cette critique radicale par Illich et par Gorz du mythe de la voiture individuelle et des dégâts causés à la nature, à l'environnement et à l'homme par les autoroutes et les gaz d'échappement toxiques des voitures causant des cancers, a connu un écho très favorable, au début du XXIe siècle, non seulement par certains membre du « Club de Rome », mais surtout parmi certains experts des problèmes du transport qui, comme le professeur Knoflacher [160] de l'Université technique de Vienne, ont consacré presque toute leur vie à dénoncer ce qu'il dénomme le « VIRUS AUTOMOBILE », en analysant à fond, très scientifiquement, l'histoire de la destruction causée par l'invasion de notre vie quotidienne, de notre environnement, de notre civilisation entière, dans la modernité, par l'automobile, après 1900, mais surtout dans la période de l'après-guerre, entre 1948 et 2000. C'est en soulignant la radicalité du changement qui s'est produit en Europe et aux Etats-Unis, avec le développement massif de la production et de la vente de voitures privées, notamment pendant les trente « glorieuses », que Knoflacher ne cesse de dénoncer, dans son livre-phare « Virus-auto », les grands dégâts infligés par l'automobile à notre environnement et à notre société, tout en admettant qu'au début l'automobile était en effet une sorte de symbole pour la modernité, pour la mobilité et la liberté, permettant

---

[160] Cf. Hermann Knoflacher, *Virus Auto. Die Geschichte einer Zerstörung (Le virus automobile : Histoire d'une destruction)*, Uebereuter-Verlag, Vienne, 2009, 2013.

en effet de réduire les grandes distances, d'économiser le temps et de se déplacer plus confortablement que dans les calèches au XIXe siècle. Mais, affirme-t-il, à juste titre, et sur ce point précis il semble être tout à fait d'accord avec Illich et avec Gorz, aujourd'hui, avec la crise énergétique et les problèmes immenses posés par la *sur-pollution des grandes villes,* avec la crise climatique et ses effets dramatiques, les choses ont complètement changé, dans la mesure où la prise de conscience écologique a enfin permis à reconnaître et à stigmatiser surtout les effets *négatifs* de ce qui nous a été longtemps présenté, au nom d'une soi-disant philosophie du « progrès », comme une « invention miracle » ; car les dégâts causés par la voiture à notre environnement et à notre société, sont énormes, et c'est quand même le résultat néfaste du fait que nous avons été tous, et cela depuis assez longtemps, du moins depuis l'instauration de notre société de consommation, infectés par ce virus « automobile » qui, depuis, n'a pas cessé son travail de destruction de la nature, des paysages et des villes ... Cette « infection » est, et pour cela le professeur Knoflacher nous fournit des preuves et des analyses pertinentes, entre autres, responsables de l'augmentation dramatique des accidents sur les routes nationales et les autoroutes pour lesquels la « faute » est en général toujours attribuée au conducteur, et aussi et surtout des dégâts et nuisances causées par le bruit infernal causé par les camions, surtout pendant la nuit. Or, nous informe Knoblacher, ce bruit a la particularité qu'il transporte des informations beaucoup plus rapidement au cerveau qu'à l'œil, qu'il augmente de manière considérable la poussée de l'adrénaline et qu'il provoque aussi des augmentations de la pression artérielle dans une mesure telle que celles-ci peuvent, dans certains cas, même provoquer la mort[161]...

---

[161] Cf. Knoflacher, Op.cit., p. 93 (traduction de la citation de l'allemand en français par l'auteur A.M.)

Dès qu'il est supérieur à 35 décibels, ce bruit peut provoquer des troubles graves chez l'homme, comme il a été prouvé par la médecine... Or, la limite qui ne devrait pas être dépassée, dans ce domaine, est entre 40 et 45 décibels. Mais les administrations, non seulement en Autriche, ne réagissent en général à ce bruit que s'il est supérieur à 55 décibels ! Ainsi, les autorités acceptent et tolèrent que la population soit affectée, dans la nuit, par des graves détériorations de la santé, causées par les automobilistes. (Seul en Suisse, la circulation des camions est interdite pendant la nuit). Or, Knoblacher cite à ce sujet à juste titre une phrase de Robert Koch, qui avait détecté le premier le bacille de la tuberculose pulmonaire : « Un beau jour, l'homme va devoir combattre le bruit d'une façon aussi impitoyable que le choléra et la peste. »[162]

Combien de victimes ce « Virus-automobile » fait-il en Europe, par an ? En se référant à une enquête diffusée par la première chaîne de télévision allemande ARD, à l'occasion de l'épidémie porcine, le professeur viennois nous informe dans son livre que ce virus cause chaque année le décès d'au moins trois millions de personnes (!) soit par accident soit par empoisonnement par les émissions de gaz toxiques évacués à l'air par les voitures. Chiffre auquel il faudrait ajouter 50 millions d'humains souffrant de dégâts physiques et psychiques causés par ces mêmes voitures. Fait qui n'a pas du tout incité les gouvernements respectifs, souligne Knoblacher, à interdire la construction d'autres autoroutes (!!).

Comme le souligne Knoblacher, « la voiture est [incontestablement] un des plus grands succès du développement technique. On a mobilisé au maximum l'intelligence et la créativité pour la rendre de plus en plus attractive. Elle est le produit de plusieurs cerveaux, non pas d'un seul. Sous sa forme actuelle, elle a été sélectionnée de

---

[162] Op.cit., p. 96.

l'expérience et d'un mécanisme ayant ses racines dans la société. Celle-ci doit tout d'abord créer les conditions pour que la voiture (individuelle) ne demeure pas un cas isolé. Pour atteindre ce but, la société doit être manipulée de l'intérieur de telle manière à ce qu'elle agisse en analogie comme une cellule dans laquelle un virus a pénétré. La cellule commence à reproduire (et à multiplier) la RNA[l'ADN] du virus et non plus celle de l'organisme dans lequel elle vit. Les humains vivent symboliquement parlant dans l'organisme de la société et dans le système « terre ». Dès qu'ils ont été affectés par l'automobile, la société commence à construire non plus des structures pour les humains (la DNA), mais le RNA pour le virus automobile. Et cela est beaucoup plus facile que la création de structures adaptées aux hommes. »[163]

Comme André Gorz, Knoflacher est-il persuadé que nous vivons aujourd'hui dans une époque qu'on pourrait appeler une époque « overshoot and collapse » (collapsologie?), ne signifiant rien d'autre que nous sommes apparemment en train de dépasser toutes les limites, en risquant *l'effondrement*. La preuve : la multiplication des crises financières, suivies d'options irréelles pour un avenir qui n'auront pas lieu.

Mais au lieu de changer ce système, tous les gouvernements tentent de le maintenir ; parce que les hommes politiques et leurs conseillers vivent dans l'espoir qu'après les crises la société continuera à évoluer comme elle a évolué depuis 150 ans. On mise toujours sur le progrès technique, en oubliant que ce dernier est en train de perdre de plus en plus ses fondements, à savoir l'équilibre écologique du globe et l'être-en-commun des hommes. Et cela est confirmé par l'augmentation constante des flux de migrants ainsi que par les symptômes évidents du changement climatique. [164]

---

[163] Op.cit., p. 167-168.
[164] Op.cit., p. 190-191.

4. SOCIALISME OU ECO-FASCISME ?

Selon André Gorz, la vraie alternative à long terme pour nos sociétés de consommation en crise est le choix entre SOCIALISME et ECO-FASCISME. Gorz nous rappelle tout d'abord l'importance de la prise de conscience écologiste déclenchée par le « Mémorandum Mansholt » et le « Rapport Meadows » du *Club de Rome* qui avouait que la logique du profit avait conduit le capitalisme « à produire pour produire ; à rechercher la croissance pour la croissance ; à gaspiller des ressources irremplaçables ; à ravager la planète ; à rendre de plus en plus compliquée et onéreuse la satisfaction des besoins élémentaires (…) ; à accroître la frustration des gens en même temps que la masse des biens marchands venus remplacer ce qui avait été gratuit jusque-là : l'air, le soleil, l'espace, les forêts, les mers... Il avouait que cela ne pouvait pas continuer ainsi sous peine de *catastrophes* menaçant d'extinction les formes supérieures de vie sur terre. Il reconnaissait que toutes les valeurs de la société capitaliste devaient être réexaminées : il fallait changer la façon de vivre, de consommer, de produire. »[165]

Or, Gorz est assez réaliste pour comprendre que le capitalisme, même s'il reconnaît désormais ainsi ses « fautes » et les limites de son « extravisme » et de son productivisme effréné, n'agit pas ainsi pour préparer son suicide : « C'est plutôt pour se préparer à livrer bataille sur de nouveaux terrains, avec de nouvelles armes et de nouveaux buts économiques. »[166] Ces buts sont, évidemment, l'exportation des industries à l'étranger, à savoir dans les pays du tiers-monde (pour baisser les coûts de production et surtout les salaires), toujours selon le principe « A nous la propreté, les productions immatérielles », et aux pays du Tiers Monde les saletés, les

---

[165] Gorz, Op. cit, p.87-88.
[166] Op.cit., p. 88.

nuisances, la sueur, les fatigues, les villes congestionnées et polluées. » Gorz se questionne alors : « Quand le rapport Meadows envisage le triplement de la production industrielle mondiale, tout en recommandant la non-croissance dans les pays industrialisés (!), n'est-ce pas à cette vision néo-impérialiste de l'avenir qu'il se réfère implicitement ? (…). Sous prétexte de préserver notre environnement (ou ce qu'il en reste), allons-nous faire alliance avec les patrons du *Club de Rome* afin que, aidés au besoin de défoliants et de napalm, ils aillent plutôt empoisonner le Congo et le Zambèze, dévaster l'Amazonie, pomper l'Iran et faire travailler les chômeurs de l'Inde aux tâches que les « gens évolués » refusent ? » [167] Or ces exportations industrielles ne peuvent créer que les conditions d'une *cartellisation générale,* faisant en sorte qu'en fin de compte les industries du monde entier seront contrôlées par un petit nombre de firmes qui peuvent se répartir et partager les ressources minérales.[168] Autrement dit, « le capitalisme peut accepter la non-croissance à condition d'éliminer la concurrence au profit d'une cartellisation générale qui gèle le rapport de forces entre firmes, leur garantit leurs profits et substitue la planification capitaliste aux jeux du marché. »[169] Ainsi, le capitalisme avancé, après sa phase expansive de la mondialisation néo-libérale, se transformerait-il, se métaphoriserait-il tout simplement en un éco-capitalisme « écologique » qui accepterait la décroissance exclusivement pour les industries des métropoles du capitalisme, tout en accélérant la croissance, avec tous ses effets négatifs et destructeurs, dans les pays du Tiers monde ?

Quand Gorz dénonce ainsi, dans ce contexte précis, le danger imminent d'un techno-fascisme qui pourrait bien

---

[167] Op.cit., p. 97.
[168] Op.cit., p. 97.
[169] Op.cit., p. 98.

être le produit de cette auto-transformation du capitalisme de la sur-croissance en crise, il emprunte ce concept également à Ivan Illich qui utilise le terme de « fascisme technocratique » pour caractériser une société où « les gens remettent leur sort entre les mains des technocrates qui se chargeraient de maintenir la croissance juste en deçà du seuil de destruction de la vie. « Ce fascisme technocratique », affirme-t-il, « assurerait également la subordination maximale des hommes aux outils, en tant que producteurs et consommateurs à la fois. L'homme survivrait dans des conditions qui enlèveraient à sa vie toute valeur : il serait enfermé du berceau à la tombe dans une école planétaire, un hôpital planétaire qui ne se distingueraient que par leur nom d'une prison planétaire. La tâche principale des ingénieurs serait de fabriquer un type d'homme adapté à cette condition. » [170] En adhérant complètement à cette thèse, Gorz affirme ainsi encore une fois sa convergence quasi totale avec les vues d'Ivan Illich que « la crise générale ne peut être surmontée que par la réduction des outils et du pouvoir au sein de la société. »[171] Ce qui signifie que pour modifier radicalement le mode de production existant, les espaces de l'hétéronomie patronale devraient être fortement réduits pour créer des espaces élargis d'autonomie. « Ce qui m'intéresse », souligne à ce sujet Illich, « n'est pas l'opposition entre une classe d'hommes exploités et une autre classe propriétaire des outils, ensuite – et par voie de conséquence – entre l'homme et des professions dont l'intérêt consiste à maintenir cette structure technique. Dans la société, le conflit fondamental touche des actes, des faits et des objets sur lesquels les personnes entrent en opposition formelle avec les entreprises et les institutions manipulatrices. Formellement la procédure contradictoire est le modèle de l'outil dont

---

[170] Op.cit.,p. 99.
[171] Op.cit., p. 134 sqq.

disposons les citoyens pour s'opposer aux menaces que l'industrie fait peser. »[172]

Néanmoins, « l'installation du *fascisme techno-bureaucratique* n'est pas inscrite dans les astres. Il y a une autre possibilité : un processus politique qui permet à la population de déterminer le maximum que chacun peut exiger, dans un monde aux ressources manifestement limitées ; un processus d'agrément portant sur la fixation et le maintien de limites à la croissance de l'outillage ; un processus d'encouragement de la recherche radicale de sorte qu'un nombre croissant de gens puissent faire toujours plus avec toujours moins. Un tel programme peut encore paraître *utopique* à l'heure qu'il est : si on laisse la crise s'aggraver, on le trouvera bientôt d'un extrême réalisme. »[173] Or, ce programme, c'est exactement ce que revendique, dans ses grandes lignes, le programme d'André Gorz...

DE LA CRITIQUE DU « TOUT ELECTRIQUE » A CELLE DE LA MONTEE DE 'L'ELECTRO-FASCISME'

Comme le souligne André Gorz, dans le chapitre III « La logique des outils » de son livre *Ecologie et Politique*, la décision du gouvernement français de l'année 1974, de doter la France d'un vaste réseau de centrales nucléaires pour satisfaire les besoins énergétiques du pays pour les 50 années à venir, était bien un choix politique conforme à la stratégie des plus grands groupes du capitalisme français : Schneider, Pechiney, Saint-Gobain, CGE. Cette décision est bien antérieure à la crise pétrolière d'octobre 1973, et elle remonte à plus de dix ans, à l'époque où EDF lançait le « tout électrique », le chauffage électrique intégré. Afin de faire adopter ce programme ambitieux, « le public était invité à s'en remettre aux experts et à faire confiance. Toute objection était rejetée comme obscurantiste, toute velléité

---

[172] I. Illich, *La convivialité*, p. 141.
[173] Op.cit., p.145.

de contrôle démocratique et populaire écartée sous prétexte que la complexité technique de la question n'était à la portée que des spécialistes. Dès le départ, l'option nucléaire s'annonçait incompatible avec la démocratie. »[174] Selon Gorz, il est indéniable que ce programme technocratique du « tout nucléaire » voire de l'électro-nucléaire qui a été imposé à la population française, sous le gouvernement gaulliste de Messmer, ouvre la voie à la montée de ce qu'il dénomme « l'électro-fascisme », entre autres par la manière dont EDF a aussi réinventé à ce propos spontanément « le langage et la mentalité « flics » : ceux qui contestent le nucléaire sont des « adversaires intérieurs », des professionnels de la subversion. »[175] Cette campagne de dénonciation des adversaires du « tout nucléaire » qui critiqueront, entre autres, le fait que le problème des déchets radioactifs, de leur stockage et de leur « vitrification » n'est pas du tout résolu, est bien fondée sur la large diffusion – via les médias – par le lobby pro-nucléaire du mythe que la société actuelle « ne peut bien fonctionner que grâce au nucléaire. Et le nucléaire ne peut se déployer que si les gens font confiance aux techniciens et experts, seuls détenteurs de la connaissance vraie, seuls dépositaires de l'intérêt public, seuls habilités à prendre des décisions. »[176] A ce propos, Gorz peut citer comme témoins engagés du côté de son propre combat contre le « tout nucléaire », entre autres, le syndicaliste Louis Puiseux qui, dans une interview à « La Gueule ouverte », avait déclaré que « la société toute nucléaire, c'est une société pleine de flics » et qu'il n'y a pas la moindre autogestion dans une société fondée sur un tel

---

[174] A. Gorz/ M.Bosquet, *Ecologie et Politique*, p. 112.
[175] Op.cit., p. 119. (Gorz cite à ce propos une circulaire d'EDF de l'année 1974 affirmant qu' « il est inutile de prendre son temps pour convaincre les protestataires de métier « et qu'il faudrait faire en sorte que la population ne soit pas contaminée par la propagande adverse. »)
[176] Ibid.

choix énergétique », ainsi que Bernard Laponche, le secrétaire du syndicat CFDT-CEA qui était du même avis. Or, André Gorz va encore plus loin que Louis Puiseux, en affirmant que « quand Puiseux parle d'une « société pleine de flics », il est encore en-deçà de la vérité : la société nucléarisée suppose la mise en place d'une caste de techniciens militarisés, obéissant, à la manière de la chevalerie médiévale, à son propre code et à sa propre hiérarchie interne, soustraite à la loi commune et investie de pouvoirs étendus de contrôle, de surveillance et de réglementation ».[177] Et il met en épingle que les principales missions de cette « caste » sont bien : (a) « l'exploitation de cinquante groupes de quatre centrales, (b) la formation et la surveillance des personnels travaillant dans les centrales, (c) la surveillance et la gestion des déchets radio-actifs entreposés dans les centrales ; (d) le transport des matières radioactives et la surveillance des convois spéciaux [par exemple du type « Castor », vers le dépôt des déchets de Gorleben, en Allemagne, A.M.], (e) la production et le retraitement des matières fissiles ; (f) la surveillance des installations de production et de retraitement, et de leurs personnels ; (g) la surveillance et la gestion des dépôts terminaux stockant les déchets pour des siècles (des centaines de milliers d'années s'agissant des transuraniens) ; (h) le choix des sites d'implantation et la programmation du nombre des centrales... » Autrement dit, « la chevalerie nucléaire comprendra des dizaines de milliers de membres et elle contrôlera et régira des centaines de milliers de civils. Appareil militaire, elle exercera sa domination au nom de impératifs techniques de la « mégamachine nucléaire. »[178] (C'est nous qui soulignons.) Selon Gorz, et cela mériterait vraiment d'être discuté, il s'agira là en effet de rien d'autre que d'un « nouveau despotisme » qui aurait toujours été

---

[177] Op.cit., p. 123.
[178] Ibidem.

inhérent à l'organisation capitaliste de la production. Gorz reprend à ce propos évidemment une formule de Marx qui, au sujet de la subdivision des tâches à l'usine, c'est-à-dire de la division de travail imposé par les fabricants, sous la forme du travail à la chaîne, avait été le premier à parler dans *Le Capital*, de « despotisme de fabrique » ! Comme le note Gorz, « cette subdivision est absolument nécessaire à la domination du capital, il faut que chaque ouvrier, groupe d'ouvriers et ateliers ne produisent que des fragments dénués de leur valeur d'usage et de valeur marchande. C'est seulement la recomposition programmée de ces fragments qui donnera naissance à un produit utilisable. Et cette recomposition du produit fragmenté, des travaux fragmentaires, est, bien entendu, le monopole de la hiérarchie managériale. »[179] « La domination du capital et l'impossibilité du pouvoir ouvrier (de « l'autogestion ») sont inscrits dans l'organigramme des usines. Leur nationalisation n'y change rien, n'y changera rien. (...) Plus la division sociale et territoriale du travail est poussée, plus la fonction de l'Etat central est importante et plus son pouvoir technobureaucratique devient grand. »[180]
Même si Gorz a parfaitement raison de nous mettre en garde contre ce danger d'un glissement progressif de l'Etat centralisé, complètement nucléarisé, vers un régime de moins en moins démocratique, on pourrait à la rigueur lui reprocher d'être quand même beaucoup moins convaincant lorsqu'il parle à ce propos de « despotisme » ; car il s'agit en réalité non pas d'un retour vers un régime despotique « à la russe » ou à la monarchie française de l'Ancien régime qui était despotique dans son essence même en tant que pouvoir répressif auto-proclamé accordé pour ainsi dire par la providence « divine », mais plutôt du glissement progressif d'un régime « présidentiel » articulé à

---

[179] Op.cit., p. 123-124.
[180] Op.cit., p. 124.

une démocratie parlementaire pluraliste vers un régime autoritaire, c'est-à-dire vers une sorte de « *démocrature* » fondée sur un Etat central de plus en plus autoritaire et policier, une évolution tragique de nos démocraties occidentales modernes en crise, à l'époque de la toute « techno-science » que les philosophes de *l'Ecole de Francfort*, notamment Adorno, Horkheimer[181] et Marcuse, avaient déjà critiquée, à leur époque, avec le concept de « monde totalement administré », visant un monde dominé de plus en plus, en effet, par la techno-bureaucratie étatique, liée aux intérêts du grand Capital et des entreprises multinationales, évoluant, irrésistiblement, mais toujours dans le cadre du respect de la Constitution, vers un régime « totalitaire » de type nouveau, c'est-à-dire vers un régime de plus en plus autoritaire, mais qui ne serait pas forcément despotique. En revanche on a bien le devoir de s'inquiéter d'une évolution nette et constante de notre Etat démocratique constitutionnel de la Ve République vers un régime toujours plus *autoritaire*, vu le grand nombre de personnes tuées ces dernières années, en France, par la police, pour le « délit » de « refus d'obtempérer », sans oublier aussi la répression toujours plus forte et violente de certaines manifestations écologistes, comme par exemple celles organisées en juin 2023 contre les réservoirs d'eau à Solines (avec l'autorisation donnée aux « forces de l'ordre » d'utiliser des armes LDB (qui sont interdites dans tous les pays de la CE, sauf en France.)
Mais quelle est donc l'alternative écologiste au « tout

---

[181] Cf. Max Horkheimer, *Notes critiques (1949-1969). Sur le temps présent,* trad. de l'allemand et préfacé par Sabine Cornille et Philippe Ivernel, Payot, Paris 1993, p. 248, aphorisme « le sujet dans la société industrielle » : « (…) avec la victoire de la technique, mieux, avec son progrès, avec la domination de l'homme sur la nature, avec son indépendance, son autonomie, l'autonomie régresse, se nie elle-même. Ce qui s'accomplit à l'ère bourgeoise s'achève dans le monde *automatisé*. Le sujet, en se réalisant, disparaît. »

nucléaire » telle qu'elle est envisagée et défendue par André Gorz et ses amis ?

Toujours dans la perspective d'une société future auto-gérée libérée des impératifs et des hiérarchies du capital et de son mode de production, devenu de plus en plus obsolète, autrement dit, dans la perspective d'une société du coopérativisme et de l'autonomie des producteurs, la réponse à cette question ne peut être, et à ce propos Gorz rejoint de nouveau Illich : « le développement de *technologies légères, faisant appel au géothermique et au solaire »*, ce qui nécessiterait en effet de grands investissements, à l'avenir, dans la construction d'éoliennes, de capteurs photo-voltaïques et d'installations géothermiques qui, dans l'ensemble, seraient bien à même de substituer, progressivement, l'énergie électrique toujours fournie par les centrales nucléaires dont le nombre et le fonctionnement seront progressivement réduits. « Car les investissements seraient décentralisés, la technologie maîtrisable et utilisable même par des petites communes ou des individus, les transports d'énergie (surtout pour le solaire) seraient inutiles, les grandes unités n'auraient aucun avantage sur les petites. Aucune firme, aucune banque, aucun organisme d'Etat ne pourrait donc monopoliser ces technologies. Elles rendraient un large degré d'autonomie aux collectivités locales et aux nations non encore industrialisées où elles rendraient possible un type différent de développement. C'est cette alternative que le capitalisme combat de toutes ses forces, à l'échelle des firmes multinationales et de Etats nationaux. Refuser le programme nucléaire, c'est refuser la logique du capitalisme et le pouvoir de son Etat. »[182]

Cette alternative préconisée par Gorz comporte aussi la révision ou l'abandon d'un modèle de consommation fondé sur la stimulation artificielle des besoins, l'obsolescence et

---

[182] Cf. Gorz/Bosquet, Op.cit., p. 127 – 128.

le remplacement accéléré des produits, en bref, d'une politique qui est une des principales causes de la destruction de la nature. [183] Cette substitution doit avoir lieu, au nom de l'application d'un nouveau principe et concept écologique, celui de la *sobriété* et, simultanément, de celui de la *décroissance*. Et elle devrait être complétée, sur le plan politique, par une réelle extension du champ d'action syndical qui devrait être lié « au refus conscient de la logique capitaliste et à un projet conscient de transformation de la société. »[184] Sur ce plan précis, les idées et revendications radicales d'André Gorz attestent bien l'influence de la CFDT française et du syndicat italien FIM-CISL (proche des communistes) sur sa pensée, qui tous deux s'efforçaient, à l'époque, de « dépasser le syndicalisme vers la construction d'un mouvement politique de masse. »[185]

Gorz cite à ce propos explicitement le texte-manifeste de la CFDT de décembre 1971, publié dans « Syndicalisme magazine » dans lequel ce syndicat affirme vouloir « orienter ses efforts pour développer la conscience socialiste des travailleurs, leur autonomie de pensée et d'action », tout en insistant sur la nécessité de dépasser la revendication salariale et de « situer les besoins des travailleurs dans la perspective globale d'un projet de civilisation », c'est-à-dire dans la perspective d'une satisfaction autonome de leurs besoins. »[186] En outre, Gorz se réfère aussi explicitement à une déclaration politique des dirigeants métallurgistes italiens, et notamment à celle du secrétaire national de la FIP-CGIL Carniti dans laquelle le

---

[183] Op.cit, p. 149-150.
[184] Op.cit., p. 151.
[185]Cf. A. Gorz, Op.cit.,p. 151.
[186] Cf. « les travailleurs mettent le socialisme à l'ordre du jour »,in : « Syndicalisme magazine »((CFDT), Paris, décembre 1971.Cf. A . Gorz, Op.cit., p. 52-53.

leader syndical italien défend non seulement les conseils d'usine (consigli di fabbrica) comme une « nouvelle force politique en puissance », mais où il formule aussi l'exigence « Pour changer la condition d'aliénation, d'impuissance et de subordination de la classe ouvrière, il faut non seulement un changement des orientations politiques du gouvernement et du rapport de forces au Parlement, mais la conquête d'une part de pouvoir par les travailleurs, à travers la lutte quotidienne. » Il faudrait donc que « les forces de gauche se mettent elles-mêmes en question » et fassent « une critique d'ensemble de leur manière de conduire les luttes et de faire de la politique. »[187] Gorz complète ces réflexions d'un syndicaliste expérimenté et engagé par la remarque que, dans cette même perspective, « l'extension du champ d'action syndical et l'élaboration d'un projet politico-idéologique [socialiste] d'ensemble ne sont pas seulement une réponse à la rigidité accrue du système capitaliste, mais répondent également à la nécessité de trouver un terrain d'unification des différentes couches et catégories qui composent la classe ouvrière.(...) La classe ouvrière est désormais trop différenciée pour que son unité puisse avoir un fondement matériel immédiat ; son unité a besoin d'être *construite* en attaquant systématiquement les racines de la division, selon une perspective de classe. »[188] En partageant aussi les critiques de l'organisation capitaliste du travail formulées par deux autres syndicalistes italiens de la métallurgie, c'est-à-dire par Sergio Garavini et Antonio Lettieri, soulignant tous deux la mutilation et la stérilisation des facultés individuelles et collectives des travailleurs, Gorz affirme aussi son accord total avec leur conclusion que « la tâche essentielle est de restituer au travailleur la possibilité de réaliser ses capacités et de

---

[187] Pierre Carniti, Interview à la revue « Giovane Critica » n° 28, Rome, 1971 ; cité par André Gorz, Op.cit., p. 153 (note 1 en bas de page).
[188] Gorz, Op.cit., p. 154.

s'épanouir par son travail (…), en tirant parti des potentialités du développement scientifique et technique. » « Il s'agit avant tout, dit-il, de refuser la prétendue objectivité de la technologie et de l'organisation du travail, d'en découvrir et dénoncer le caractère oppressif et exploiteur, d'en viser le changement en partant des exigences de l'homme qui travaille. »[189] Et il rajoute aux deux revendications fondamentales, aux thèmes de lutte de syndicalistes italiens qui sont (1) la Défense inconditionnelle de l'intégrité physique des travailleurs et (2) la Défense de l'intégrité culturelle des travailleurs, celle de la conquête ouvrière de l'Ecole, ce qui atteste encore une fois ses grandes proximités de vues avec Ivan Illich. Il reprend aussi à son compte les revendications de A. Lettieri et de S. Garavini d'une réduction générale de la durée du travail journalier à six heures et à quatre heures, sans réduction de salaire, ce qui permettrait aux travailleurs d'étudier et aux étudiants de travailler de manière productive. » « Culture » et production, science et technique, travail intellectuel et travail manuel cesseraient d'être séparés ; école et usine cesseraient d'être des « ghettos »; les rapports sociaux d'éducation et rapport de travail seraient bouleversés et collectivement auto-déterminés en vue de l'épanouissement maximal de la créativité individuelle et collective. » Tout cela devrait « rendre concrète la perspective de l'autogestion sociale et technique, avec dépérissement de la hiérarchisation des fonctions et de l'Etat. »[190]

Mais comment réaliser ce projet socialiste auto-gestionnaire ? Conscient de la faiblesse structurelle des partis politiques, avec leur bureaucratisation, leur déficit de démocratie interne et « l'ambitionnisme » stratégique de leurs représentants (conseillers, députés, sénateurs),

---
[189] Op.cit.,p. 157.
[190] A. Gorz, Op.cit., p. 159-160.

directement liés au système de la démocratie représentative indirecte parlementaire et ses défauts, Gorz vise apparemment surtout les syndicats encore combatifs comme principales forces politiques et sociales porteuse de ce projet de transformation sociale, donc, en premier lieu, sur la CFDT, en France, la la CGIL italienne (proche des communistes) ainsi que sur le syndicat allemand des métallurgistes IG-Metall (représentant les militants les plus déterminés de l'aile gauche du Parti social-démocrate, dont les représentants ont, ultérieurement, rejoint le rangs de la « Linkspartei » (Parti de Gauche). Mais il ne se fait pourtant aucune illusion sur les chances réelles de succès de cette stratégie, si auparavant n'avait pas lieu une véritable *démocratisation* et *débureaucratisation* des syndicats et si cette forme rénovée d'un syndicalisme actif ne réussit pas à se transformer rapidement, avec une certaine dynamique, en un mouvement de masse, l'objectif que s'était posé la Fédération de la Métallurgie (FIM) de la CGIL (italienne). Autrement dit, selon Gorz, l'alternative est la suivante : « Ou bien, pour tenter de conserver la direction d'un mouvement (au moins potentiellement) révolutionnaire, la direction syndicale se pose comme force politique parmi d'autres et travaille à l'intérieur des organismes de lutte et de double pouvoir (comités, assemblées, conseils) pour favoriser l'auto-organisation du prolétariat, la généralisation de l'affrontement de classe et la conquête du pouvoir politique. Dans cette hypothèse, le syndicat disparaît comme tel et est remplacé par les conseils dans sa fonction de représentation unitaire et d'organisation de masse de la classe tout entière. Ou bien la direction syndicale considère que la dynamique et la radicalisation des luttes menacent de provoquer une crise économique et politique à laquelle le mouvement ouvrier (…) n'est pas en mesure de donner un dénouement révolutionnaire. Elle s'emploie alors à canaliser les luttes vers des objectifs négociables et des solutions réformistes », quitte à s'orienter vers une solution négociée, compatible avec la survie du système. »[191]

C'est exactement ce qui s'est passé en France, en mai-juin 1968, après la proclamation de la grève générale illimitée par les syndicats CGT, FO et CFDT, et après l'occupation des usines par les travailleurs, dès le 13 mai 68, en riposte à la violente répression policière des manifestations étudiantes au Quartier Latin de Paris, dans la nuit du 10 au 11 mai.[192]

Si cela s'est passé ainsi, c'est parce que, comme le met en évidence Gorz, malgré la gravité de cette crise interne de la société française (nota bene, une des sociétés les plus inégalitaires du monde!), le *syndicat* est resté fidèle et conforme à sa nature institutionnelle qui lui assigne la fonction précise de constituer une force de médiation entre la classe ouvrière et le système : « Il représente les revendications ouvrières au sein du *système capitaliste* – auprès du patronat et de l'Etat – et inversement, il représente l'existence et la pérennité du système auprès de la classe ouvrière. »[193] « Il ne peut survivre qu'en tant qu'institution reconnue ».[194]

Ainsi « la transformation du syndicat en mouvement politique de masse ne peut intervenir que dans une phase d'affrontement général et de crise aiguë », c'est-à-dire dans une situation exceptionnelle, où les forces extra-syndicales prennent l'initiative et la direction des luttes.

Or, « le rôle du syndicat n'est pas de faire la révolution, et le rôle des révolutionnaires n'est pas de faire ou de refaire un syndicat. Le rapport entre syndicat et avant-gardes de

---

[191] Gorz, Op.cit.,p. 164-165.
[192] Cf. Arno Münster, *Paris brennt. Die Mai-Revolution 1968*, éd. H. Heine, Francfort 1968 ;
[193] Op.cit., p. 165.
[194] Op.cit., Ibidem.

classe ne peut être que dialectique et conflictuel. Celui-là représente le premier, celles-ci le second terme de l'alternative « compromis négocié ou affrontement révolutionnaire » qui surgit à l'horizon de grandes luttes. »[195]

Finalement, Gorz est très convainquant dans la démonstration de sa thèse que dans ces conditions, un dépassement du syndicalisme par le syndicat comme tel est quand même peu probable et ne peut avoir lieu que dans une situation révolutionnaire ou potentiellement révolutionnaire.

Or, la spécificité du syndicalisme français a été, et est encore, dans une certaine mesure, la grande *division des syndicats en* syndicats réformistes (socialistes), communistes, trotskistes (FO), libertaires (anarchistes) et « autonomes » (de droite). Ensemble et unis, ils auraient pu constituer une force politique majeure s'opposant efficacement au gouvernement et à ses mesures et lois libérales. Cette unité s'est produite, exceptionnellement, mais seulement temporairement, lors de la grande mobilisation syndicale contre la loi de réforme des retraites du gouvernement libéral-centriste de Macron, de janvier à juin 2023. Mais cette mobilisation, bien qu'elle eût montré la force dynamique d'un tel mouvement de protestation de masses, n'a pas vraiment mis fin à la division des syndicats dont la présence était impliquée dans ce « front de refus » (de protestation) qu'a dû affronter, pendant six mois, un gouvernement centriste très affaibli par sa majorité seulement relative à l'Assemblée Nationale et la popularité de ce mouvement. Comme les directions syndicales respectives, à savoir, en premier lieu, les dirigeants de la CFDT et de la CGT, n'ont pas été en mesure de proclamer la grève générale qui seule aurait pu, effectivement, provoquer le retrait du projet de réforme par le

---

[195] A. Gorz, Op.cit., p. 166.

gouvernement, ce dernier a pu utiliser l'article 49-3 en sa faveur pour faire adopter cette loi sans disposer d'une majorité de députés à l'Assemblée Nationale, prête à voter cette réforme. C'était, certes, encore « constitutionnel », c'est-à-dire conforme aux dispositions de la Constitution gaulliste de l'année 1958, mais c'était aussi très *antidémocratique !* Mais – et cela confirme l'analyse et le pronostic prudent d'André Gorz – l'incapacité des syndicats de transformer ces protestations en une véritable force politique des masses s'opposant radicalement à cette réforme très impopulaire qui a rendu possible que le gouvernement dirigé par Elisabeth Borne ait pu imposer cette réforme, certes, difficilement, mais toujours dans le cadre de la légalité de la République. En vacillant en permanence entre radicalisme verbal et pragmatisme institutionnel (modéré), la direction syndicale, notamment celle de la CFDT, a toujours su maîtriser et limiter en ses rangs et ses sections la contestation parfois forte et violente des « avant-gardes de classe » au sein même de sa propre organisation, présentes surtout dans ses sections de base, tandis que la direction du PCF et ses responsables locaux continuaient pour leur part de faire régner toujours en un sens « l'ordre stalinien » dans ses rangs et cellules, en étouffant bureaucratiquement les voix « contestataires » et un vrai débat démocratique.

ADIEU AU PROLETARIAT ?
La parution du livre *Adieu au prolétariat*. Au-delà du socialisme (Galilée, Paris, 1980) avait déclenché une si grande vague de protestations et de critiques, dont certaines étaient même allées jusqu'à accuser l'auteur de ce livre d'être un « traître à la classe ouvrière » et aux enseignements de Marx ou même une « embardée dans le camp bourgeois », que la question se pose avec force de savoir ce que Gorz ressentait « réellement » à l'égard de

Marx, lorsqu'il rédigea ce livre, et dans quelle mesure il s'écartait, effectivement, de Marx, avec ses écrits et ses théories, après 1980, et s'il y avait eu, vraiment, comment ses détracteurs le prétendent, une "rupture" dans sa pensée avec Marx. N'était-ce pas vraiment un tragique malentendu ? Ces critiques étaient-elles justifiées ou n'étaient-elles que l'expression d'un aveuglement dogmatique de la part de la gauche radicale, notamment chez les défenseurs d'un marxisme orthodoxe, c'est-à-dire les communistes, les maoïstes, mes trotskistes et d'une gauche radicale qui ne voulaient absolument pas comprendre et prendre acte du fait que Gorz avait, en réalité, encore pendant les trois décennies après la publication de ce livre très controversé, encore beaucoup à voir avec Marx. Autrement dit : Gorz avait-il en effet déjà dit « adieu » à Marx et au marxisme en général, avec les thèses formulées dans ce livre ? Ou serait-il plutôt préférable et plus juste de prétendre – comme le souligne Michael Löwy, dans un important essai intitulé *Le marxisme d' André Gorz*, publié en août 2017, dans le numéro 45 de la revue « Ecorev » (Revue critique de l'écologie politique), que le marxisme de Gorz était tout simplement un marxisme « sélectif »[196] et devait donc plutôt être attribué à une pensée marxiste hétérodoxe non dogmatique qui fait principalement appel à un Marx humaniste, anti-capitaliste et « libertaire », mais que Gorz serait toujours resté fidèle aux enseignements de Marx sur deux aspects très importants :(1) à savoir son anticapitalisme et (2) le postulat de Marx d'une inévitable « alternative communiste » au capitalisme sous la forme d'une civilisation basée sur les loisirs. »[197]

---

[196] Cf. Michael Löwy, « *Le marxisme d'André Gorz* »,in : ECOREV n° 45 « André Gorz – une pensée vivante », Paris, août 2017, p. 105 -115.
[197] Michael Löwy, « Le marxisme d'André Gorz », in : Ecorev n° 45 (« André Gorz, une pensée vivante), Paris, 2017, p. 105.

A cet égard, il serait également utile de rappeler ce que le sociologue français Alain Touraine écrivait à propos d'André Gorz, en 1993, dans un article du « Nouvel Observateur », qui souligne, entre autres : « André Gorz est, d'une part, le philosophe « le plus marxiste » d'Europe et d'autre part - il faut peut-être le souligner - le plus imaginatif et clairement non dogmatique. Avec lui, le marxisme est ressuscité en tant que force libératrice, lorsqu'il critiquait à la fois le jacobinisme français et les hégéliens de droite. »[198]

Bien sûr, ce qu'Alain Touraine dit ici du « plus marxiste » de tous les philosophes européens est discutable – vu l'impact du « freudo-marxisme » de *l'École de Francfort* (Adorno, Horkheimer, Marcuse) ainsi que celui d' Henri Lefebvre, de Louis Althusser et d'Ernest Mandel, – mais Alain Touraine a bien reconnu l'importance de cette tendance clairement libertaire, antidoctrinale et non dogmatique dans la pensée de plus en plus écologique de Gorz et son penchant réel pour une alternative anti-capitaliste, sous la forme d'un coopérativisme libertaire et autonome en opposition à l'hétéronomie du mode de production capitaliste basée sur la division du travail et la maximisation du profit. (Comme nous l'avons montré dans le chapitre précédent, il avait été à ce sujet fortement influencé par Ivan Illich.) Marx est donc toujours présent, dans cette vision.

C'est ce que confirme, entre autres, l'entretien d'André Gorz avec Marc Robert de 2007, paru dans le livre "Ecologica " (Galiléé, Paris, 2008), livre paru à titre posthume, en 2008, où Gorz affirme sans équivoque que son livre *Adieu au prolétariat* n'était pas une critique du

---

[198] Cité par Michael Löwy, ibid.; Cf. Willy Gianinazzi, *André Gorz. Une vie*, La Découverte, Paris, 2016, p.250.

communisme [de Marx] ; c'était surtout une critique des maoïstes et de leur culte primitif d'un mythe du prolétariat qui était devenu obsolète.(...) « Mais c'était aussi une critique acerbe de la social-démocratisation du capitalisme par le marxisme vulgaire et la glorification du salariat.»[199]

Aujourd'hui, quinze ans plus tard, on ne peut que consentir au jugement lucide de Michael Löwy selon lequel Gorz, avec son scepticisme à l'égard de la lutte des classes et du rôle du prolétariat dans le mouvement d'émancipation sociale, s'éloigne en réalité de deux thèses fondamentales du marxisme, à savoir : a) par le fait que dans le livre *Adieu au prolétariat*, il « remplace la classe ouvrière par la « non-classe des néo-prolétaires », des « précaires » et des « marginaux » (qui ne sont pas directement impliqués dans le processus de production capitaliste), mais qui ne peuvent pas faire la « révolution sociale » dont rêve Marx et qui sont aussi très « vacillantes », politiquement. A notre avis, cela atteste assez clairement une influence sur la pensée d'André Gorz de *l'Ecole de Francfort*, notamment de Herbert Marcuse qui, dans son livre *L'Homme unidimensionnel* avait déjà souligné ces transformations dans la conscience de masse des travailleurs, dans les sociétés du capitalisme avancé, hautement industrialisées et aussi par Max Horkheimer, dont nous célébrons le 50e anniversaire de la mort, en cette année 2023, Horkheimer qui déjà dans ses essais socio-philosophiques des années trente et notamment dans le *Crépuscule* **(**1926-1932 ; publ. 1934**)** avait parlé de « l'impuissance de la classe ouvrière allemande », en s'appuyant sur des recherches empiriques, en tenant compte de la menace d'une prise du pouvoir par le national-socialisme, en Allemagne, entre autres, à cause de la crise économique mondiale (de 1929) et de la division fatale du mouvement ouvrier allemand en deux blocs hostiles et

---

[199] André Gorz, *Ecologica*, Galilée, Paris, 2008, p. 18.

antagonistes (social-démocrate et communiste) qui a finalement permis la victoire de la dictature national-socialiste, en 1933. Cependant, toujours en louchant vers Marx, Gorz souligne, par exemple dans son livre *Les chemins du paradis*. *L'agonie du capital* (Galilée, 1983), mais aussi dans « Ecologica »(2008), son tout dernier ouvrage, publié un an après sa mort, « les potentiels subversifs des précaires et des marginaux et critique à cet égard la pratique inhumaine du capital (des entreprises capitalistes) qui y est contenue et a insisté sur l'utilisation de tous les moyens pour empêcher les ouvriers de l'industrie et les chômeurs de s'unir pour parvenir à une répartition plus équitable de la richesse sociale. Et, comme Willy Gianinazzi [200] l'affirme à juste titre dans sa biographie d'André Gorz, pour André Gorz, il n'y a en réalité pas d'alternative réelle à la critique marxienne du capital et du capitalisme. Cela est également prouvé, entre autres, par le fait que dans ses écrits des années 1990 et dans ses publications jusqu'à sa mort en septembre 2007, les « *Grundrisse* » de Marx ont été cités relativement fréquemment et régulièrement – et cela ne peut être une coïncidence - aussi les passages du du tome III du *Capital* où Marx [201] décrit et critique déjà la fonction destructrice de l'exploitation capitaliste de la nature, notamment à l'égard des ressources naturelles, ce qui ne fait pas automatiquement de Marx un « précurseur » théorique

---

[200] Willy Gianinazzi, *Andre Gorz, Une vie,* La Découverte, Paris.

[201] Cf. Karl Marx, *Das Kapital,* 3e volume, MEW 25, Dietz-Verlag, Berlin, 1966, p. 821 : « La grande industrie et l'agriculture industrielle fonctionnent ensemble. Si elles diffèrent à l'origine en ce que la première dévaste et ruine davantage la force de travail et donc la puissance naturelle de l'homme, la seconde plus directement la puissance naturelle du sol, puis plus tard dans le progrès, l'un et l'autre serrent la main au système industriel, sur la terre les ouvriers sont aussi affaiblis, et l'industrie et le commerce, de leur côté, fournissent à l'agriculture les moyens d'épuiser le sol. »

du mouvement écologiste, comme le prétend, entre autres, Henri Pena-Ruiz, mais fait de lui, du moins, indirectement, presque un « témoin-clé » pour les théories ultérieures de « l'écosocialisme », en particulier dans la tentative d'articuler la critique marxienne de l'économie politique avec la critique de l'écologie politique, ce que Gorz a réussi à faire de manière assez convaincante, dans son livre de 1975 . Retenons aussi à ce sujet la déclaration suivante de Gorz, dans sa conversation déjà citée avec Marc Robert :
« L'écologie ne remplit sa fonction critique et éthique que lorsque la dévastation de la terre et la destruction des bases naturelles de la vie sont comprises comme les conséquences d'un mode de production particulier, un mode de production qui exige la maximisation du profit et emploie les techniques qui détruisent l'équilibre biologique. »[202]
Dans un de ses tout derniers textes de septembre 2007, écrit quelques jours seulement avant son suicide, avec sa femme Doreen, à Vosnos, Gorz souligne encore une fois la nécessité de rompre avec cette logique destructrice du mode de production capitaliste en lien avec la problématique du changement climatique, et en parvient à la conclusion suivante :
« En quoi la question de la sortie du capitalisme était-elle plus d'actualité qu'elle ne l'est aujourd'hui ? Cette question se pose à nouveau aujourd'hui et avec l'urgence d'une nouvelle radicalité »[203]. Et comme Michael Löwy le souligne dans son commentaire de ce texte d'André Gorz, qui est en quelque sorte un texte « testamentaire », cette affirmation de Gorz est très importante et typique en ce qu'elle dissipe aussi du même coup toutes les illusions de l'avènement d'un possible éco-capitalisme. Dans ce dernier

---

[202] André Gorz, *Ecologica,* Galilée, Paris, 2008, p.15 ; cf. aussi M. Löwy, op.cit., p.108.
[203]. Op.cit. p. 25

texte, Gorz prône aussi la « décroissance », c'est-à-dire une croissance négative et un changement de civilisation qui ne peut être accéléré que par la crise climatique actuelle. Pour Gorz, il semble quasiment impossible d'empêcher la « catastrophe climatique »[204] qui nous menace sans rompre radicalement avec les méthodes et la logique économique du capitalisme qui y conduisent depuis plus de 150 ans (...). Par conséquent, la croissance négative est un impératif de survie. Mais cela suppose une économie différente, un mode de vie différent, une civilisation différente et des conditions sociales différentes. »[205] Malheureusement, dans son article, où la relation entre Gorz et Marx est très bien explorée dans toutes ses dimensions, Löwy passe sous silence la grande influence qu'Ivan Illich exerça sur Gorz à la même époque. Cependant, dans le cadre de son analyse, il souligne quand même la grande différence, la grande différence théorique entre lui-même et Robert Kurz qui – comme d'autres théoriciens et critiques de la loi de la valeur – continuent à défendre la thèse de l'inévitable autodestruction du capitalisme.

Dans son livre *Métamorphoses du travail. La recherche de sens.* (Critique de la raison économique) (1988), André Gorz, dans sa vision de l'émancipation du capitalisme fondée sur la division du travail, prend aussi explicitement ses distances à l'égard de toutes les théories d'un déterminisme matérialiste mécanique, en soulignant que «le potentiel libérateur que contient un processus [social] ne peut être libéré que si les gens s'en emparent pour se

---

[204] Cf. Arno Münster, *Le changement climatique va-t-il tout changer ? Quelle utopie concrète pour demain ?(Manifeste pour une République sociale, écologique et conviviale)*, L'Harmattan, coll. « Questions contemporaines », Paris, 2017 ; Cf. Naomi Klein, *Tout peut changer. Capitalisme & changement climatique*, Actes Sud/Lux, 2015.
[205] Op.cit. p. 29

libérer. »[206] Donc : Encore, conformément au marxisme « existentialiste » de Sartre, Gorz défendra toujours, dans son marxisme hétérodoxe « sélectif », dans sa dialectique du social, le facteur subjectif contre toutes les approches dogmatiques et totalitaires, dans le marxisme du XXe siècle, notamment dans le *stalinisme*, en refusant de réduire, dans sa dialectique, les formes de conscience subjectives aux réflexes purement objectifs-matériels. Cela va de pair, chez lui, avec la défense de l'idée, de l'utopie d'un « *communisme du temps libre et librement disponible* », fortement inspirée par ce paragraphe du tome 3 du *Capital* où Marx affirme, entre autres : « Comment le sauvage doit lutter avec la nature pour satisfaire ses besoins, maintenir et reproduire sa vie, l'homme civilisé doit le faire, et il doit le faire dans toutes les formes de société et sous tous les modes de production possibles. Avec son développement, ce domaine de la nécessité naturelle s'étend, car les besoins et en même temps les forces productives qui les satisfont se développent. La liberté dans ce domaine ne peut consister que dans l'être humain socialisé, les producteurs associés, réglant rationnellement leur métabolisme avec la nature, la plaçant sous leur contrôle collectif, au lieu d'être gouverné par elle comme une puissance aveugle ; l'accomplir avec le moindre effort et dans les conditions les plus dignes et adéquates de leur nature humaine. Mais cela reste toujours un domaine de nécessité. Au-delà commence le développement de la force humaine qui est considérée comme une fin en soi, le véritable domaine de la liberté, qui, cependant, ne peut s'épanouir que sur ce domaine de la nécessité comme base. Le raccourcissement de la journée de travail est la condition de base. »[207]

---

[206] André Gorz, *Métamorphoses du travail, quête de sens, Critique de la raison économique, Galilée, Paris, 1988.*
[207] Karl Marx, *Capital. Critique de l'économie politique,* volume III, chapitre 48, MEW 25, Dietz, Berlin 1966.

De ce point de vue, Gorz – dans *Ecologica*, son dernier livre publié à titre posthume, un an après sa mort – et exactement 28 ans après la parution d'*Adieu au prolétariat* (1980) – établit à nouveau un lien spectaculaire avec Marx, dont il ne s'est en fait jamais vraiment séparé, car même dans ce livre controversé de 1980, qui a suscité tant de colères et de critiques à Gorz, en particulier de la part de la gauche radicale et dogmatique, la phrase est écrite : "Seul le socialisme peut s'offrir le luxe, réaliser la plus grande satisfaction au prix le plus bas. Seul le socialisme peut rompre avec la logique du profit maximum, du gaspillage maximum, de la production maximum et de la consommation maximum ; seul le socialisme peut remplacer cette logique par la raison économique dans le but de satisfaire au maximum les besoins avec un minimum de dépenses. » [208]

---

[208] A. Gorz, Op.cit.

III
André Gorz constructeur
d'une nouvelle utopie éco-socialiste ?

« Cette crise en effet, par sa seule réalité met en question la justesse des politiques passées, la primauté de l'économique, la légitimité des idéologies et des personnalités politiques dominants, qu'ils soient de droite ou de gauche. Car la crise manifeste que le fonctionnement de l'économie n'est ni dominé ni même compris par ses dirigeants et ses agents. Nos sociétés ne sont pas maîtresses de leur devenir. Nous en vivons la dislocation tout en nous entendant promettre que, demain, nous retrouverons les espoirs, pourtant déçus entre-temps, d'il y a quinze ans. Toutes les idéologies dominantes se liguent pour nous empêcher de voir la crise comme la fin de l'époque industrialiste et le commencement possible d'une autre époque fondée sur une rationalité, des valeurs, des rapports et une vie différents. »[209]

La crise présente donne une actualité particulière aux analyses prémonitoires de l'un des penseurs les plus originaux et les plus audacieux des dernières décennies du vingtième siècle. Gorz, dans son tout dernier texte rédigé quelques semaines seulement avant sa mort, en septembre 2007, n'avait-il pas prévu et annoncé la crise des « subprimes » ayant atteint son apogée, en octobre-novembre 2008, avec la faillite en chaîne des grandes banques américaines et européennes, et avec tous ces effets désastreux pour l'économie capitaliste mondiale, comme la récession, l'augmentation sensible du chômage, de la précarité et de la pauvreté ? Gorz n'avait-il pas été déjà

---

[209] On ne peut ici qu'admirer le sens et le « flair » spécial d'André Gorz pour toutes les grandes mutations et transformations en gestation de nos sociétés.

depuis les années 70 et 80 du siècle dernier, le prophète et le « visionnaire » de toutes ces crises, ruptures et mutations, en nous annonçant rien d'autre qu'une éminente et inévitable « rupture avec une civilisation où on ne produit rien de ce qu'on consomme et ne consomme rien de ce qu'on produit ».[210] N'avait-il pas été aussi un des premiers penseurs critiques à réfléchir en profondeur sur tous les aspects de cette crise et à esquisser les vraies alternatives qui s'imposent pour en sortir ? André Gorz n'avait-il pas aussi osé poser, assez fréquemment, et avec une insistance étonnante, dans ce contexte précis, toute une série de questions qui « dérangent », comme par exemple la question de savoir si nous allons vers l'extinction du salariat, du règne de la marchandise de l'économie politique, comme le pensait Marx ? Ou vers un capitalisme se renforçant comme système de domination, pour survivre à sa mort comme système économique ?

Evidemment, le paradoxe du succès tardif de Gorz et de la redécouverte spectaculaire de sa pensée, deux ans seulement après sa mort, ne s'exprime-t-il pas, éventuellement, dans le fait qu'à une époque (la nôtre) où il est désormais devenu « de bon ton » de *dénigrer les utopies* et de tirer en dérision tous ces soi-disant « rêveurs irréalistes » d'un monde autre, alternatif, qui avaient tellement eu le vent en poupe, en mai 68, on voit tout à coup renaître subitement, tel un phénix s'élevant de ses cendres, et à l'encontre de tous les pronostics pessimistes exprimés, *l'utopie eco-socialiste gorzienne,* comme si seulement dans les écrits critiques et visionnaires de cet émigré autrichien, grandi à l'ombre de Sartre et de Illich, on pouvait encore trouver la boussole capable de nous guider théoriquement et politiquement, dans ces temps difficiles, contre vents et

---

[210] Cf. André Gorz, *Capitalisme, Socialisme, Ecologie (Désorientations, Orientations)*, Galilée, Paris 1991, p. 17-18, p. 99-101.

marées, à travers cette tempête, afin que nous puissions enfin entrevoir la fin de l'orage et l'horizon d'un monde économico-social nouveau.

Sans nul doute, dans cette redécouverte de Gorz, le désarroi des Socialistes toujours divisés, désorientés, désespérément incapables de s'unir autour d'un programme politique et économique alternatif, clair et convaincant, déchirés de plus en plus par des luttes intestines pour le leadership et affaiblis par l'inadaptation de leurs proposition programmatiques à la situation économico-sociale réelle, rongés de l'intérieur aussi par une sorte d'érosion bureaucratique et pragmatiste qui empêche son renouveau et ses capacités de rebondir sur les fondements d'une reconstruction théorico-politique réelle et radicale, y est pour quelque chose. Car nul autre théoricien et penseur de la « gauche de la gauche », à laquelle Gorz appartenait, lui aussi, incontestablement, en dépit de ses liens professionnels, comme journaliste, avec la gauche réformiste (sociale-démocrate), n'a articulé avec autant de lucidité et de radicalité la question de la nécessité d'une véritable révolution écologique, s'imposant à nos sociétés, à cause du réchauffement climatique, des émissions de $Co2$ et à cause de la destruction progressive des écosystèmes par une économie capitaliste orientée selon le seul critère de profit et absolument non-respectueuse de l'environnement et de la nature et à cause de la nécessité absolue de substituer, à cours ou à long terme, l'énergie nucléaire par des énergies alternatives non fossiles renouvelables, avec la question de la nécessité de redéfinir le *socialisme* pour notre époque, c'est-à-dire pour le XXIème siècle. Etant plus que jamais convaincu que le socialisme demeure, malgré l'échec patent des Etats socialistes bureaucratiques, dégénérés en Etats totalitaires, la seule alternative possible et viable au capitalisme, André Gorz ne cesse de souligner que le socialisme « ne pourra jamais être le résultat d'une connaissance « scientifiquement correcte » de la réalité, mais dépendra toujours d'interprétations qui renvoient à la manière dont les acteurs se comprennent eux-mêmes : à leur subjectivité, à leur imaginaire social, à leurs attentes culturelles, à leurs aspirations à une vie différente »[211].

C'est une autre façon de dire qu'aujourd'hui, c'est-à-dire presque cent cinquante ans après la publication du *Capital* de Karl Marx, le « socialisme scientifique, tel qu'il avait été préconisé par les pères-fondateurs du marxisme (Marx, Engels) a perdu tout sens ; mais non pas le socialisme en soi ; car ce qui est mort, « c'est le socialisme se comprenant comme un système tendant à une totale rationalisation scientifique. Par cette prétention, il s'est coupé de tout ancrage dans l'expérience vécue ainsi que de l'aspiration des individus à l'émancipation et à l'autonomie. Mais le socialisme subsistera comme mouvement ou comme horizon historique pour autant que, conformément à sa signification originelle, il se comprend comme aspiration à achever l'émancipation des individus dont la révolution bourgeoise a marqué le commencement et qui reste à réaliser dans les domaines dans lesquels le capitalisme soumet les hommes et les femmes aux contraintes systémiques, aux rapports de domination et aux aliénations inhérentes au règne de la marchandise. »(3) A ce propos la force irrésistible des argumentations respectives d'André Gorz consiste évidemment non seulement dans le fait d'avoir maintenu et défendu cet idéal socialiste, contre vents et marais à une époque où de nombreux socialistes réformateurs se rapprochaient de plus en plus des positions socio-libérales, en oubliant ce qui apparaît sous la plume d'André Gorz comme le vrai cœur, la *vraie substance du socialisme*, mais aussi et surtout dans sa faculté extraordinaire de poser de nouveau les questions

---

[211] André Gorz, *Capitalisme, Socialisme, Ecologie (Désorientations, Orientions)*, Galilée, Paris, 1991, p. 17-18, p. 99-101.

« dérangeantes » qui s'imposent, par exemple à propos des grandes désorientations qu'a déclenchées, à gauche, la chute du mur de Berlin et l'implosion du système « socialiste » soviétique ».

« Les « systèmes dits du « socialisme réel » se sont effondrés ; la guerre froide est finie ; l'Occident a remporté la victoire. Sur qui ? Sur quoi ? Sa victoire est-elle une victoire de la démocratie ? Une victoire du capitalisme ? Pouvons-nous avoir confiance désormais en l'avenir et nous dire : notre système social s'est révélé solide et durable, il offre à l'humanité l'espoir d'une solution à ses problèmes présents et futurs, il peut servir de modèle ? Sa supériorité, relative et partielle, ne tiendrait-elle pas plutôt, à son instabilité, à sa diversité, à son aptitude à se développer, à se transformer, à se remettre en question, qui à leur tour tiennent à ces multiples contradictions internes, à sa multiformité complexe, comparable à celle d'un écosystème qui fait éclater continuellement de nouveaux confins entre forces partiellement autonomisées et qui ne se laissent ni contrôler ni mettre une fois pour toutes au service d'un ordre stable ? »[212]

En posant ces questions dérangeantes, Gorz a non seulement voulu subvertir le triomphalisme hypocrite et prématuré des conservateurs, toujours prêts à exploiter à fond le déclin du communisme et des Etats socialistes autoritaires, pour imposer à l'échelle mondiale, le système néo-libéral fondé sur la liberté illimitée de l'entreprise, mais il a en même temps mis en évidence la grande fragilité du système capitaliste déstabilisé en permanence par ses contradictions internes, par les efforts pervers de la croissance, par la crise financière (bancaire) et une crise économico-sociale déclenchée par la surproduction, la récession, l'augmentation du chômage et de la précarité. En soulignant que la *crise écologique*, la précarité, le

---

[212] Op.cit., p. 100-101.

productivisme, et la fin de la société du travail sont les véritables signes caractéristiques de cette crise du capitalisme, Gorz renforce encore pour ainsi dire la critique des sociétés de consommation formulée par Herbert Marcuse, dans l'*Homme unidimensionnel,* en mettant en évidence, comme l'a si justement souligné Michel Contat, que « la question devient alors de savoir si l'opulence de la société néo-capitaliste permet de satisfaire les besoins au point d'émousser la combativité des travailleurs et de mettre le mouvement ouvrier en crise, Gorz s'attache à montrer comment le système, pour se développer, crée artificiellement, notamment par l'omniprésente publicité, des besoins de consommation qui, faute d'être satisfaits deviennent aussi obsédants que l'ancienne pauvreté. C'est dans ces nouveaux besoins que s'enracinent aussi une nouvelle nécessité du socialisme, appelant à des stratégies de lutte qui pourront opposer au capitalisme des solutions positives, partout où l'exigence des hommes est en conflit avec celle du profit. »[213]

L'autogestion dont Gorz se fait l'avocat, entre autres, dans son livre *Le socialisme difficile*[214] est de toute évidence un des éléments les plus importants dans cette stratégie de lutte ayant pour objectif le dépassement créateur de l'aliénation et d'un mode de production transformant le travailleur en annexe déjà réifié (chosifié) de la machine, en dépit des réserves exprimées en même temps à l'égard du système d'auto-gestion en ex-Yougoslavie. Sa rencontre avec Ivan Illich, en 1971, renforcera encore davantage sa conviction que le combat pour une *alternative à la fois écologique et socialiste à la société de consommation* existante doit

---

[213] André Gorz, *Vers la société libérée. Commentaire de Michel Contat*, Textuel, Paris, 2009, p.21-22.
[214] Cf. André Gorz, *Le socialisme difficile*, Le Seuil, Paris, 1967 ; Cf. aussi : Arno Münster, *André Gorz ou le socialisme difficile*, Nouvelles Editions Lignes, Paris, 2008.

impérativement aller de pair avec l'effort de construire une société autre, égalitaire et fraternelle, fondée sur l'autonomie et garantissant à chacun de déployer au maximum ses facultés créatrices. L'objectif premier de cette révolution écologique et sociale demeure cependant l'instauration d'un nouveau rapport de l'homme à la Nature, à l'environnement et à la production. Et elle doit s'appuyer aussi sur une nouvelle éthique écologique fondée sur des valeurs nouvelles (protection de la nature et de l'environnement, anti-productivisme, décroissance, justice sociale et solidarité humaine...).

Incontestablement, Gorz, avec ses propositions audacieuses et « utopiques » concernant l'avenir de nos sociétés, a-t-il aussi « dérangé » à gauche, non seulement à cause de sa critique sévère du pragmatisme technocratique de la gauche réformiste, à laquelle Gorz opposait sa propre stratégie d'un *réformisme révolutionnaire*[215], en optant pour des réformes radicales mettant en cause la logique même du système capitaliste, mais aussi à cause de sa critique lucide de certains « archaïsmes » de la gauche anticapitaliste que Gorz a évidemment irrité, sinon provoqué avec ses thèses exposées dans son livre *Adieu aux prolétariat ?* [216], notamment avec son affirmation que « le prolétariat, formé à servir les méga-machines du capital, est incapable d'émancipation, ni individuelle, ni collective si bien que l'émancipation ne peut avoir lieu qu'en dehors du travail lui-même »[217](A. Lipietz). Donc, un livre « radical, caricatural, contestable » ? Évidemment, en mettant en cause la théorie marxiste de « la révolution du grand soir » (réalisée par le prolétariat organisé en « classe révolutionnaire »), et,

---

[215] Cf. André Gorz, *Réforme et Révolution*, Le Seuil, Paris, 1969.
[216] Cf. André Gorz, *Adieux au prolétariat. Au-delà du socialisme*, Galilée, Paris, 1980.
[217] Alain Lipietz, « Gorz ou la quête du sens » in : *Ecorev n° 28*, novembre 2007, p. 103.

simultanément, aussi celle du *prolétariat* comme principal sujet des transformations historico-sociales et de l'émancipation de l'humanité, Gorz avait-il touché le nerf sensible d'une certaine *gauche anti-capitaliste* encore beaucoup trop dogmatique, dans certaines de ses composantes, incapable de se séparer de ses « mythes » et d'adapter sa théorie et sa stratégie politique aux réalités désenchantées de notre époque. Mais la tempête qu'il a déclenchée est visiblement à la hauteur du *réveil salutaire* provoqué par les thèses hétéro-orthodoxes et critiques de ce livre, réveil qui a évidemment eu comme effet positif de déclencher un processus irréversible de prise de conscience réelle des mutations sociologiques importantes qu'ont connues nos sociétés, et notamment le monde du travail, pendant les trois dernières décennies, et qui confirment plutôt la thèse gorzienne que les précaires, à savoir la « *non-classe des néo-prolétaires post-industriels* », sont désormais devenus potentiellement le nouveau sujet des transformations radicales de la société contemporaine. Selon Gorz cette « *non-classe* » englobe « l'ensemble des sur-numéraires de la production sociale que sont les chômeurs actuels ou virtuels, permanents, temporaires, totaux ou partiels. Elle est le produit de la décomposition de l'ancienne société, fondée sur le travail : sur la dignité, la valorisation, l'utilité sociale, le désir du travail. Elle s'étend à presque toutes les couches de la société ».[218]

A rappeler aussi, à ce propos, qu'*Adieux au prolétariat* ne signifie nullement pour André Gorz un « Adieu à Marx » ou un quelconque « Adieu au socialisme » ; car il appréciait, encore longtemps après avoir publié ce livre, cet essai très controversé, les *Grundrisse* et le *Capital* de Marx, même s'il estimait que la loi marxienne de la valeur devrait être reformulée[219] et que l'écosocialisme dont il est le principal

---

[218] André Gorz, *Adieu au prolétariat*, Galilée, Paris, 1980, p.61.
[219] André Gorz, *L'immatériel. Connaissance, valeur et capital*, Galilée,

théoricien, en France, avec René Dumont, ne peut être compris que comme une tentative tout à fait sincère et originelle de faire une synthèse vivante des principales valeurs et principaux concepts de l'écologie politique et d'un marxisme-socialisme démocratique à la fois humaniste et révolutionnaire. Ce socialisme a comme spécificité de poser la question de la transformation radicale à priori à partir du vécu existentiel de l'individu et non pas à partir du collectif, tout en étant conscient du fait que l'émancipation est avant tout une affaire des individus avant qu'elle ne puisse devenir aussi une affaire du collectif ou d'une classe sociale.

Les réflexions qu'André Gorz a consacrées dans son livre *L'immatériel, valeur et capital* [220], entre autres, au « travail immatériel », au « capital humain », à la « crise du concept de « valeur », de « travail » et au « savoir » en tant que véritable « force productive » du capitalisme post-fordiste, dans le but évident d'esquisser une « véritable critique de l'économie du savoir »[221], attestent de nouveau l'incroyable lucidité de Gorz de rendre compte des toutes dernières tendances et transformations du capitalisme, à l'ère de la mondialisation, et de déterminer à partir de ces éléments nouveaux, les cadres théoriques généraux d'une « économie autre » orientée *écologiquement* et d'une civilisation nouvelle s'identifiant de plus en plus à une société du savoir. « La qualité d'une culture et d'une civilisation » affirme-t-il,

---

2003, p. 108-110.
[220] Cf. André Gorz, *L'immatériel, valeur et capital*, Galilée, Paris, 2003.
[221] Dans le cadre de cette critique, André Gorz mettra en évidence, entre autres, que s'il n'est pas question pour le Capital de s'émanciper de sa dépendance vis-à-vis de la science, la perspective s'ouvre à la science de pouvoir s'émanciper du capitalisme. A ce propos, il consacrera une attention particulière aux *potentiels émancipateurs* de *l'Internet*, ouvrant selon lui, par la gratuité des échanges et par l'égalité de l'accès aux données, la perspective d'une véritable « démocratie d'Internet » de l'avenir.(A.M.)

« dépend de l'équilibre dynamique qu'elles réussissent à créer entre les savoirs intuitifs du monde vécu et le développement des connaissances et des savoirs vécus. Elle dépend de la capacité qu'aura le développement des connaissances à augmenter la qualité du monde vécu, la « qualité de la vie ». Elle dépend d'un environnement social et naturel qui favorise l'épanouissement de nos facultés par la richesse de ses formes, de ses couleurs, de ses sons, de ses matières, par son organisation spatiale, par la conception de ses habitations et des outils, par la facilité et la multilatéralité des échanges et des communications, par les modes de coopérations. »[222]. Ces questionnements sont des idées directrices de la critique culturelle, sociale et politique sur lesquelles est fondé le *mouvement écologiste*. Ce mouvement n'est pas né initialement du souci de « défense de la nature » mais plutôt d'une « résistance à l'appropriation privée et à la destruction de ce bien commun par excellence qu'est le monde vécu. »[223] Par conséquent, une de ses cibles privilégiées devraient être les *méga-technologies* qui ont été créées pour maîtriser la nature et la soumettre au pouvoir des hommes, mais qui, depuis, sont devenues une puissance autonome « assujettissant les hommes aux instruments de ce pouvoir » [224]et à la logique du capital.

Seule l'écologie, comprend le monde vécu, non pas pour le dominer, mais pour le protéger : « Elle est seule dans ce souci à se vouloir une composante de la culture, intégrée et assimilée dans les savoirs vécus, éclairant la quête de la sagesse et de la bonne vie. »[225]

---

[222] André Gorz, *L'immatériel. Connaissance, valeur et capital*, Galilée 2003, p. 108.
[223] Op.cit., p. 109.
[224] Op.cit., p. 110.
[225] André Gorz, Op.cit. p.110.

(Première publication de ce chapitre in ECOREV (Revue critique d'écologie politique) n° 33 « Penser l'après-capitalisme avec André Gorz », novembre 2009, pp. 82- 87. Pour le présent ouvrage, cet article a été revu et complété.)

IV
De Gorz à Habermas :
de l'agir communicationnel
à l'action politique émancipatrice
(internet, facebook, twitter
une nouvelle force productrice ?)

Les révolutions arabes l'ont démontré : avec Internet, l'espace public acquiert une nouvelle dimension. Le soulèvement des masses peut s'appuyer sur cet outil qui permet l'expression autonome des citoyens, la participation élargie à la vie collective, une plus grande solidarité et un dépassement des relations verticales de pouvoir.

Depuis l'émergence aussi inattendue que bouleversante des révolutions démocratiques arabes (Tunisie, Egypte, Lybie, Syrie, Yemen, Bahrein...), un spectre nouveau hante tous les esprits : quel a été le rôle joué par les *nouveaux médias de communication électroniques* et notamment par Internet dans ces mouvements citoyens révolutionnaires ? Youtube, Facebook, Twitter et le téléphone portable (SMS...) ont-ils été le véritable moteur déclenchant ces révoltes ? Et quel rôle ont-ils réellement joué dans la tentative de diffusion d'informations critiques et de rassemblements interdits ? Echappant au contrôle étatique et s'appuyant exclusivement à des citoyens singularisés, mais hautement déterminés à en finir avec ces *régimes autoritaires,* ces messages, ces « échanges électroniques » ont finalement permis d'organiser, en 2011, tout à fait spontanément, des réseaux de résistance et d'opposition radicale. « Tweeter » est-il devenu désormais le symbole par excellence pour les possibilités inépuisables et nouvelles de mobilisation des masses, par le biais, précisément, des interconnexions quasi illimitées via *Internet*, ou bien cette nouvelle forme de communiquer et d'agir était-elle a priori limitée à des conditions et des circonstances spécifiques ?

L'espace public politique avait-t-il ainsi acquis une nouvelle dimension, grâce à ces nouvelles techniques *communicationnelles ?* Y-a-t-il un « effet Facebook » dans l'historiographie des révolutions (arabes) contemporaines, à savoir celles déclenchées au printemps 2011 ? Ce phénomène pourrait-il, éventuellement, se manifester aussi en dehors des pays du Maghreb et du Proche Orient et – pourquoi pas? –, éventuellement aussi chez nous, en Europe ? [226] Quelles que soient les réponses que l'on puisse trouver à ces questionnements, une chose semble désormais être certaine : nous avions tous, à quelques rares exceptions près, beaucoup sous-estimé, jusqu'à l'arrivée de la révolution en Tunisie contre le régime de Ben Ali, le potentiel émancipatoire réel de ces nouveaux moyens de communication et nous avons sûrement trop longtemps ignoré qu'il pourraient devenir un jour un instrument important et indispensable pour le déclenchement de mouvements de masses protestataires, à savoir pour des soulèvements spontanés des masses contre les dictatures autoritaires et tyranniques qui ont été ainsi du moins sérieusement « secouées » par ces révoltes et ébranlées dans leurs fondements, avant d'être renversées ou remplacées, du moins temporairement, par des régimes plus démocratiques.

« Il y a urgence à revivifier ce que l'Etat de droit démocratique peut avoir de radical » (Jürgen

---

[226] A noter que la démission du ministre allemand de la défense, à savoir celle du baron de Guttenberg, en mars 2011, avait été déclenchée par la révélation – sur « Facebook » - que de grandes parties de la Thèse universitaire du Docteur Guttenberg étaient un plagiat. Tandis que la chancelière allemande, Madame Merkel, était déterminée, dans un premier temps, à maintenir à tout prix en fonction ce « ministre modèle », les preuves irréfutables du plagiat fournies par des particuliers connectés via INTERNET l'avaient finalement contrainte à le pousser à la démission.

Habermas).

Dans sa philosophie de la « raison communicationnelle », Jürgen Habermas avait déjà fait allusion à ce potentiel, précisément dans la tentative de fonder une nouvelle théorie sociale sur l'agir communicationnel orientée, principalement, vers une théorie du droit et de la démocratie [227]. Ainsi il s'était volontairement limité à confiner cette théorie à une redéfinition des droits fondamentaux des citoyens et de l'Etat de droit. Selon Habermas, ce dernier ne peut continuer à fonctionner comme garant des libertés et de l'inviolabilité des droits fondamentaux que s'il est en permanence confronté avec une opinion publique politique et des espaces d'expression communicationnels autonomes, aspirant à une démocratie plus authentique et instaurant la participation réelle des citoyens au pouvoir et à la gestion des affaires publiques. Les révolutions citoyennes arabes, inspirées des principes de 1789, semblent avoir confirmé la justesse ce cette théorie. Comme le souligne Habermas, « face aux défis que le droit et la démocratie doivent relever – de la limitation écologique de la croissance économique à la disparité croissante des conditions de vie entre le Nord et le Sud, de la liquidation du socialisme d'Etat à la prise en compte des flux migratoires internationaux, de la limitation de souverainetés nationales à la recrudescence des guerres ethniques et religieuses –, il y a urgence à revivifier ce que l'Etat de droit démocratique peut avoir de radical à défendre sa ressource véritablement menacée : une solidarité sociale assurément garantie par les structures juridiques, mais qui constamment doit être régénérée. »[228]

---

[227] Jürgen Habermas, *Droit et Démocratie,* trad. de l'allemand par Rainer Rochlitz et Christian Bouchindhomme, Gallimard, 1997.
[228] Habermas, op.cit.p. 466.

André Gorz : vers une société coopérative libre anarcho- « communiste. »

On pourrait aussi citer André Gorz parmi les rares témoins et « visionnaires » de notre époque ayant prévu et « prophétisé » les potentialités émancipatoires de ces nouveaux moyens de communication et notamment celles émanant d'Internet.

Ainsi va-t-il, dans son livre *L'Immatériel,* jusqu' à nous esquisser la vision d'une société communicationnelle « anarcho-communiste » des réseaux libres et des formes d'expression et de communication nouvelles d'une société du *savoir*, c'est-à-dire celle du capitalisme digital. [229] Comme nous l'avons déjà souligné entre autres, dans notre livre *André Gorz ou le socialisme difficile,* André Gorz était absolument persuadé qu'Internet, cette nouvelle « force productrice » libérera tôt ou tard l'alternative émancipatrice au système existant. [230]

A signaler aussi que le sociologue Manuel Castells, dans ses réflexions consacrées à l'émergence d'une nouvelle société fondée sur un « capitalisme informationnel » et sur une « culture de la virtualité réelle » avait déployé aussi dans son livre *La société en réseaux* « la vision d'un univers sans démocratie, démassifié, centré sur l'individu, reposant sur un déterminisme technologique clairement affiché » [231]

Une remise en cause des relations de pouvoir verticales

Même les sceptiques parmi les sociologues de la communication et des médias, comme par exemple Eric

---

[229] André Gorz, *L'Immatériel, Connaissance, Valeur et Capital*, Galilée, Paris, 2003.
[230] Arno Münster, *André Gorz ou le socialisme difficile,* Lignes, 2008, p. 110-111.
[231] Manuel Castells, *La société en réseau, Paris, 1999.*

Maigret et Dominique Wolton, n'ont pu nier l'évidence qu'Internet, mieux que toutes les autres nouvelles technologies de l'information et de la communication, a incarné, à la fin du XXème siècle, « une nouvelle espérance » [232] et que « ses formidables potentialités ont d'abord fait de lui une *utopie* partagée par tous ceux qui rêvent d'instaurer par la grâce d'une nouvelle technique une Cybérie, c'est-à-dire un « village planétaire » fondé sur la liberté, l'intelligence, l'instantanéité et la fraternité des échanges sans frontières »[233]. Nul ne peut donc ignorer que les possibilités gigantesques tiennent plus précisément à son caractère de multimédia réunissant le son, l'image et le texte : un seul ordinateur branché sur le réseau mondial peut transmettre et recevoir des messages écrits, de l'image fixe ou animée, de la musique, consulter des banques de données, si bien que le *Word Wide Web* ou la toile s'est bien imposé entre temps comme « un système qui permet d'accéder à des sources diverses en constituant un langage commun entre celles-ci »[234]

Certes, rien ne nous protège contre le danger que ce besoin d'être constamment connecté puisse créer une nouvelle aliénation, précisément celle du *multibranchement* (« ce sont les machines qui se branchent par les hommes »[235],

---

[232] Eric Maigret, *Sociologie de la communication et des Média,* Paris, Armand Colin, 2003.
[233] Dominique Wolton, *Internet et après ? (Une théorie critique des nouveaux média),* Flammarion, Paris, 2000.
[234] Joël de Rosnay (avec la collaboration de Carlo Rovelli), *La révolte du pronetariat. Des mass média aux média des masses,* Fayard, Paris, 2006.
[235] En effet, comme le souligne à juste titre Joël de Rosnay, « la production massive et collaborative d'information numériques par le prolétariat représente une révolution aussi importante que celle du début de l'ère industrielle symbolisée par la machine à vapeur, puis par la mécanisation et l'automatisation intensives. » (Op.cit.,. 13) « Mais la révolution prolétarienne est d'abord sociétale avant d'être économique. D'où les défis et les enjeux auxquels sont aujourd'hui confrontés

mais le développement des capacités émancipatoires de cette nouvelle force productrice attestée par les récentes révoltes et révolutions arabes n'est-il pas le meilleur démenti au scepticisme affirmé, entre autres par Dominique Wolton qui, tout en avouant qu'Internet est « une révolution aussi importante que la radio dans les années 20 et la télévision dans les années 60 »[236], était quand même parvenu à la conclusion, avec une note pessimiste, il y a dix ans, qu' « Internet ne créera pas magiquement une société où toute information circulerait librement et pacifiquement, où les rapports sociaux seraient miraculeusement modifiés, si bien que le « web ne supplantera pas la radio et la télévision dans leur rôle essentiel de bien social ». De toute façon les événements politiques récents en Afrique du Nord et dans le monde arabe nous ont enseigné avec évidence que dans certaines circonstances historiques, politiques et sociales, notamment celles d'une dictature non respectueuse des droits de l'homme et pratiquant systématiquement la torture, le phénomène social que Joel Rosnay) appelle « la révolte du prolétariat » comme condition préalable à la naissance spontanée d'un vaste mouvement pour la démocratie peut se produire et devenir même le ferment essentiel d'une révolution politique et sociale. Autrement dit comme l'affirme J.de Rosnay, le web peut bien faire émerger sous ces conditions « une intelligence et une véritable conscience collective. Il peut ainsi mettre en question les « relations de pouvoir verticales qui régissent aujourd'hui les sphères de l'économique et du politique ». Et ainsi nous avons maintenant des preuves irréfutables pour cela, il peut effectivement devenir un outil puissant entre les mains des citoyens pour faire naître une économie et une démocratie nouvelle ». En Bref, le web a en effet cité grâce au développement des blogs, des wikis, des journaux

---

entreprises et gouvernements. »(*Op.cit.,* p. 15)
[236] Cité d'après J. de Rosnay, *Op.cit.*, p. 183.

de citoyens, et notamment grâce au blogs appelés RSS fonctionnant à partir de fichiers de type XML), cette nouvelle force civique et citoyenne »(10) qu'Ignacio Ramonet a très justement appelé, dans un article publié en octobre 2003, dans *Le Monde diplomatique,* le cinquième pouvoir »(11).

Un moteur des transformations sociales

Rappelons aussi le jugement de John Brockmann, ce grand théoricien de la « troisième culture » et président de la « Edge-Fondation », qu' « Internet a amené nos pensées plus dans le présent, en élevant des questions sur ce que c'est être contemporain »[237]. En facilitant des processus cognitifs évoluant du simple « regarder » vers « l'apprendre » et de « l'apprendre » vers le « produire » et vers « l'innover », *Internet* a en effet permis de transformer, dans le contexte spécifique du combat contre les dictatures (notamment en Afrique du Nord et au Proche Orient), l'espace public virtuel en espace public réel, et de générer ainsi une synergie nouvelle entre les personnes anonymes connectées qui, sans ce moyen spécifique de communication et ces forums de débats virtuels accessibles par un simple « mouse-clic » (clic avec la souris), n'auraient jamais pu se parler et s'associer en vue d'une action protestataire commune. Citons comme exemple la *Tunisie* : ce pays de 10 millions d'habitants ne comptait en 2010 que 400 000 abonnés sur Internet.
Mais ceux-ci, sans compter les nombreux *Cyber-Cafés*, ont développé pendant les journées chaudes de la lutte contre le régime dictatorial de Ben Ali, de telles capacités d'agir communicationnel sur le Web que cela a stimulé, évidemment d'une manière très efficace, des rassem-

---

[237] John Brockmann, *How Things are : a science tool-kit for the mind,* New York, 1995.

blements spontanés et même la création ex nihilo de nombreux comités de quartier ainsi que des manifestations qui étaient suivies, au fur et à mesure, d'un nombre de plus en plus de personnes, si bien que ce mouvement spontané et basiste vers la démocratie (Eric Maigret parle de « démocratie électronique »[238] s'est transformé assez rapidement en ce réveil extraordinaire de la citoyenneté qui a finalement obtenu, en trois semaines, le départ du dictateur. (Des phénomènes similaires se sont produits en Iran, malheureusement sans succès, lors des grandes manifestations de l'année 2010 contre le régime de Ahmadinedjad en Iran).

A cause de la gratuité des échanges informationnels et de leur nature non-économique, cette révolution permet d'anticiper de plus en plus sur une société égalitaire, démocratique, citoyenne, ayant des facto aboli tous les rapports de domination hiérarchiques et autoritaires.

Or, faut-il le rappeler, c'était bien à Tunis qu'avait eu lieu, en 2005, le sommet mondial sur la société informatisée (la suite de la conférence organisée à Genève, en 2003, sur le même sujet par les Nations Unies) qui avait annoncé, sur son site internet, une véritable révolution et peut-être même « la révolution la plus importante dans l'histoire de l'Humanité »[239], - une façon de confirmer l'importance, à l'échelle mondiale, pour notre ère, de la technique communicationnelle micro-informatique devenue désormais une nouvelle force productrice révolutionnaire.

---

[238] E. Maigret, Op.cit., p. 250.
[239] Cité d'après Wolf Göhring, « Die revolutionäre Bedeutung von Informations- und Kommunikationstechnik als besonderer Produktivkraft » in : Horst Müller (éd.), *Die Übergangsgesellschaft des 21. Jahrhunderts (Kritik, Analytik, Alternativen)*, BoD-Verlag, Norderstedt, 2007, p. 114-115, p. 117.

Or, comme le souligne à juste titre Wolfgang Göring, l'enchevêtrement dialectique des forces productrices avec les rapports sociaux avait déjà souligné et mis en évidence par Marx, par exemple lorsqu'il constate, dans la *Misère de la philosophie* (livre écrit pour réfuter la « philosophie de la misère » de Pierre-Joseph Proudhon), qu'avec l'acquisition de nouvelles forces productrices des hommes transforment leur mode de production et la manière de subvenir à leurs besoins vitaux, ils transforment tous leurs rapports sociaux.[240] Or quant à cette « nouvelle force productrice » qui a incontestablement elle aussi son origine dans l'émergence d'un désir plus grand des individus et de l'homme travaillant de communiquer et de dépasser cette forme d'*aliénation* engendrée par le capitalisme et son mode de production (une aliénation/réification que Sartre a aussi qualifié du mot de « sérialisation »), il est indéniable que cette force productrice soit devenue depuis la dernière décennie du XXè siècle, dans la société du savoir (la nôtre), à savoir dans celle du *capitalisme cognitif,* à l'ère de la globalisation, et surtout à partir de l'an 2000, un moteur des transformations sociales dont l'ampleur réelle ne peut pas encore être vraiment mesurée, dans toutes ses dimensions, mais qui sont évidemment d'une profondeur telle que personne ne peut plus ignorer leur importance et leur impact réel. La transformation de la simple information (obtenue gratuitement par voie électronique) en *savoir* est bien la base et la condition de ce processus. Mais il peut bien s'y produire aussi une transformation spontanée du savoir en action (individuelle ou collective), un processus que Sartre a analysé en profondeur dans la *Critique de la raison dialectique* (1960)[241].

---

[240] Karl Marx, *Misère de la philosophie* (1847), Ed Sociales, Paris, 1965 ; MEW (Oeuvres Complètes de Marx et d'Engels) t. 4, Dietz-Verlag, Berlin 1959, p. 130.
[241] Cf. Jean-Paul Sartre, *Critique de la raison dialectique, t. I : Théorie*

L'élimination des distances

« Sous une forme digitalisée, des informations sont désormais disponibles pour chacun qui, pour sa part, peut s'échanger avec chacun et prendre position »[242]. La performance de ces nouveaux moyens de communication et de cette informatisation de nos sociétés par la révolution des ordinateurs est évidemment en fonction du gain de temps réalisé quant à la durée de la transmission des informations qui, grâce à la performance des ordinateurs, a été raccourcie de manière considérable au cours des dernières décennies du XXè siècle.

« Avant la mise en service du premier câble transatlantique, la durée pour obtenir une réponse à une question posée à un destinataire outre-atlantique était en moyenne de plusieurs mois, puis de plusieurs heures. Aujourd'hui, grâce à la téléphonie via un satellite géostationnaire, elle est d'une demi-seconde. Aujourd'hui, grâce à un téléphone portable assez commode, un alpiniste ayant atteint le sommet de du *Nanga Parbat* (Himalaya/ Népal)) peut facilement converser de manière tout à fait sentimentale avec sa grand-mère (en Europe).[243]

Ainsi, via le réseau de téléphonie mobile, s'étendant désormais sur tous les continents, toute sorte d'information peut être transmise d'un bout du globe à l'autre, dans un espace d'une seconde. Les distances s'effondrent et grâce à Internet et à la téléphonie mobile reliés à des émetteurs reliés à des satellites géostationnaires, tout le monde peut désormais communiquer avec tout le monde, dans des conditions d'égalité aussi virtuelles que réelles, quelque soit la distance... (Cela a permis entre autres la transmission en direct d'images de guerre et de conflits violents filmés sur

---

des ensembles pratiques, Gallimard, Paris, 1960.
[242] Göhring, Op.cit., p. 124.
[243] Op.cit., p. 126.

les lieux des combats (Tunisie, Egypte, Libye...) avec un simple téléphone portable, par des témoins anonymes sur la chaîne de la télévision Al Jazeera).

Une société plus égalitaire, plus libre, plus démocratique.

A cause de la gratuité des échanges informationnels et de leur nature non-économique, cette révolution *Facebook-Twitter* etc. permet aussi d'anticiper de plus en plus – et c'est l'aspect qui intéresse ici surtout un André Gorz – sur une société égalitaire, démocratique, citoyenne, ayant de facto aboli tous les rapports de domination hiérarchiques et autoritaires. Car les échanges effectués via ces blogs et forums électroniques ne sont pas de nature économique ; ils sont non seulement tendancieusement, mais par leur essence même démocratique.[244]. Selon Wolf Göhring, la transformation de la technique informationnelle et communicationnelle en force productive autonome n'est qu'à ses débuts et n'est pas encore terminée. Elle s'accompagnera même de contradictions graves : « Selon la volonté explicite de ses inventeurs, cette technique n'a pas pour but d'abolir le capitalisme mais de garantir seulement le meilleur succès des acteurs au sein même du mode des productivités et de la société capitaliste. Par conséquence, il y aura de violentes controverses à propos de la question de savoir quelles sont les limites avec lesquelles chaque individu peut et doit utiliser cet instrument et dans quelles limites les individus peuvent analyser leurs capacités productrices ensemble de façon communautaire. »[245] En revanche cette technique peut bien être utilisée par des acteurs ayant pour but la transformation/substitution du capitalisme par une société plus juste, plus démocratique,

---

[244] Cf. W. Göhring, Op.cit.,p. 127.
[245] Göhring, Op.cit., p. 136-137.

plus égalitaire et autogérée. [246]
Déchets, raréfactions des métaux, de l'énergie... Ne pas tomber dans le mythe de l'immatériel. Mais comme produits d'un capitalisme avancé, « mondialisé » et du plus haut niveau technologique, ces machines informationnelles modernes posent aussi – et c'est, incontestablement, l'aspect négatif – des problèmes écologiques graves, car, comme le souligne entre autres Göhring, les ordinateurs sont produits et commercialisés, au mépris total des ressources naturelles. Le problème de leur recyclage n'est pas résolu, les carcasses des ordinateurs et des téléphones portables mobiles ont accumulé aujourd'hui, surtout dans les pays du tiers-monde, des quantités énormes de déchets toxiques, capables d'intoxiquer l'environnement dans une vaste échelle, comme par exemple, les piles électriques. Et dans l'utilisation de cette technique, on gaspille une quantité immense d'énergie, de disquettes, de CD et de papier. L'utilisateur typique de cette technique communicationnelle et informationnelle appartient aujourd'hui à une élite qui est majoritairement blanche, masculine et âgée de 30 à 40 ans.
Quand Göhring, ce grand spécialiste allemand des techniques communicationnelles et informationnelles, écrivit ses articles, il ne pouvait pas encore pressentir que seulement cinq ans plus tard toute une génération de jeunes citoyens arabes initiés aux échanges via Facebook et Twitter et accoutumés aux modes d'être de l'internaute, allaient utiliser cette technique nouvelle de communication à des fins de rebellions politiques, en organisant ainsi la chute de leurs régimes dictatoriaux. L'histoire nous a donc

---

[246] Tout cela semble aussi apporter un démenti à la thèse de Dominique Wolton (1999) qu'Internet « favoriserait davantage un émiettement de l'espace public que l'effet inverse » ; qu'il ne serait donc pas « un média, au sens large du terme, c'est-à-dire un objet de mise en commun à l'instar des médias de masse. » (Cf. Maigret, op.cit.,p. 253)

encore une fois enseigné comment elle est en mesure de produire « l'improbable et l'imprévisible » (cette fois-ci au sens positif du terme). Mais nous ne pouvons que consentir à la conclusion qu'il est toujours tout à fait souhaitable et important que les individus continuent de se connecter via Internet, en toute liberté, en échangeant des informations, et qu'ils dégagent ainsi la voie vers une société nouvelle non pas construite sur l'échange, l'utilisation du capital et la hiérarchie et où par conséquent la forme marchandise et l'argent sont devenus superflus (même sous une forme voilée), où le travail salarial ou le capital n'ont plus de fondement et où les formes de brutalité, de criminalité et de la guerre, ont disparu. Le mode de production, la manière de gagner sa vie et tous les rapports semblent ainsi modifiés ; une véritable révolution : la plus importante que l'humanité n'ait jamais réalisé comme l'on pouvait déjà l'entendre lors du sommet sur la société informationnelle de Tunis.

Malheureusement, la suite des événements concernant le « printemps arabe » a montré que ce grand mouvement d'émancipation démocratique qui avait secoué le monde arabe de Tunis à Damas et qui avait incarné, à ses débuts, autant d'espoir, s'est progressivement affaibli, pendant les années suivantes et a même été vaincu, et liquidé après d'âpres luttes, en Tunisie, où il avait bien triomphé en 2011, en provoquant la chute du dictateur Ben Ali, mais où suite, à de grandes affaires de corruption, le président *Zayed* s'est progressivement imposé comme nouveau dictateur autocrate du pays, en bâillonnant et en dissolvant le Parlement et d'autres organes de contrôle instaurés par la révolution démocratique de 2011, en s'attribuant des pouvoirs excessifs, en étouffant les libertés, dont les libertés d'expression et celles de la presse, et en persécutant les voix et les représentants de l'opposition. Il a ainsi effacé le grand rêve tunisien d'être la seule démocratie constitutionnelle parlementaire pluraliste à l'occidentale dans le monde arabe pour laquelle autant de jeunes, tant d'étudiants et d'universitaires et surtout de femmes tunisiennes avaient milité pendant tant d'années, faisant preuve d'un courage et d'un esprit de résistance tout à fait remarquable contre l'oppression et l'autoritarisme d'Etat. Même si à cause de cela, aujourd'hui, la situation dans ce pays d'Afrique du Nord est devenue triste et déprimante, leur combat n'a sûrement pas été en vain, et le moment d'un retour de la démocratie actuellement piétinée reviendra à coup sûr...

(Ce chapitre représente la version modifiée, complétée et actualisée de notre article « *De l'agir communicationnel à l'action politique émancipatrice (Internet- Facebook – Twitter) – une nouvelle force productive ?* » publié dans le n° 37 de la revue « ECOREV (Revue critique d'écologie politique), en août 2011, pp. 45- 51)

Conclusion

Seize ans après la mort d'André Gorz, en 2007, notre monde a bien changé et il semble être de plus en plus pris dans un tourbillon dévastateur que le fondateur de l'écologie politique défunt avait bien prévu mais qui, après Fukushima, après la crise des « subprimes » aux États-Unis, après la crise du Covid-19 et la guerre de la Russie contre l'Ukraine, a pris des proportions encore beaucoup plus dramatiques qu'on pouvait le prévoir même le plus lucide parmi les observateurs critiques et les « lanceurs d'alerte ». Même si la COP 21 de Paris, en décembre 2015, réunissant les représentants de 194 pays du monde pour réagir, efficacement, contre le *réchauffement climatique* causé par les émissions des gaz à effets de serre, avait émis un grand signe d'espoir, après la signature d'un accord historique dans lesquels ces pays s'engagent fermement à prendre enfin des mesures drastiques nécessaires pour limiter le réchauffement climatique, les écologistes ont vite été confrontés avec la désillusion causée par le fait que la plupart des pays signataires de cet accord « historique » (dont la France) n'ont pas du tout tenu leurs engagements, de sorte que, globalement, malgré le fait que certains pays ont réellement baissé leurs émissions CO_2, ces émissions ont encore augmenté, à l'échelle globale, pendant les sept dernières années, mettant sérieusement en cause l'objectif envisagé lors de la conférence de Paris de ne pas dépasser la limite de 1,5 ° C° dans l'augmentation globale de la planète. Ainsi, évidemment, les objectifs affichés par de nombreux pays, comme par exemple celui de la neutralité carbone à l'horizon de 2050, ne seront très probablement pas atteints. Comme le prouvent les rapports du GIEC[247], la

---

[247] Cf. Sylvestre Huet, Préface de Jean Jouzel, LE GIEC.URGENCE CLIMAT. *Le rapport incontestable expliqué à tous*, Ed. Tallandier, Paris, 2023.

température planétaire continue à grimper, les océans se transforment, les calottes glaciaires du Pôle arctique et antarctique se fondent, les extrêmes météorologiques sont de plus en plus fréquents, et s'intensifient chaque année plus, débouchant notamment sur des inondations graves ravageant des pays entiers, par exemple en Asie, le Pakistan, la *biodiversité* est de plus en plus menacée, la sécurité alimentaire en péril, des millions d'êtres humains habitant les zones géographiques à risque, notamment en Asie et en Afrique, sont obligés de s'enfuir, à cause de la désertification et du manque d'eau, etc. C'est évidemment la pire des trajectoires qui, évidemment, ne peut être corrigée et évitée que par une prise de conscience massive et généralisée des dangers qui menacent ainsi la survie de l'humanité et par des mesures radicales prises par les gouvernements respectifs, car si ces mesures exceptionnelles ne sont pas prises, immédiatement, si l'on continue les politiques énergétiques insuffisantes des dernières années, le réchauffement climatique du globe pourrait augmenter en 2020, de 4° C°de plus , alors qu'il avait été décidé, en 2015, de le limiter à 1,5° ![248] Par conséquent, le principal mot d'ordre de l'écologie politique, face à cette catastrophe inédite, doit être : décarboniser la production énergétique au plus vite que possible, nécessitant la fermeture des centrales à charbon, et ce le temps d'ordre devrait être impérativement complété par l'appel d'arrêter et de subventionner les forages d'énergies

---

[248] Le fait que la COP 28 soit organisée, à partir du 30 novembre 2023, à DUBAI, dans une des plus riches *pétro-monarchies* du monde, est à ce propos plutôt de mauvais augure. Peut-on vraiment avoir confiance en ces « rois du pétrole » qui tiennent la présidence de cette grande conférence internationale, pour qu'ils imposent enfin aux Etats concernés les engagements absolument nécessaires en matière de *réduction des hydro-carbures,* alors que ces engagements n'avaient été pas du tout respecté par la plupart des Etats présents à la COP 21 de Paris ?

fossiles extractives, de développer au maximum la construction et la mise en service d'éoliennes, la construction d'installations de capture du CO_2, ainsi que l'électrification des transports en commun collectifs. Évidemment, nous nous trouvons, pour la réalisation de ces objectifs, de ces transformations, aujourd'hui, dans une sorte de *course contre le temps,* vu la contrainte de transformer notre économie capitaliste toujours trop dépendante des énergies fossiles, en une économie *écologique,* une économie *verte.* Or, ce processus de transformation d'une écologie capitaliste libérale, fondée sur l'accumulation du profit – et c'est cela le vrai sens du projet *écosocialiste* voire d'une *social-écologie* pour notre époque qui devrait s'adresser à tous les socialistes, à tous les écologistes – doit absolument s'accompagner du projet d'une transformation radicale non seulement de l'économie capitaliste existante, dominée par les intérêts des trusts et des banques, mais d'une société « libérale » caractérisée par les pires inégalités sociales (par exemple en France, on compte, actuellement, 9 millions de pauvres!!) en une société vraiment libre, égalitaire et plus juste où, comme le souligne André Gorz, l'autonomie des sujets impliqués dans l'appareil de production substituera la hiérarchie autoritaire sur les lieux de travail et où chaque individu , chaque travailleur, chaque travailleuse aura assez de temps libre à sa disposition pour développer au maximum ses potentialités créatrices, comme Marx l'avait d'ailleurs déjà annoncé dans un paragraphe important des *Grundrisse* (Esquisse d'une théorie de critique de l'économie politique). C'est cela, le vrai but du projet *écosocialiste*.... Nous sommes aujourd'hui, dans notre société industrielle déchirée, en pleine crise, secouée par tant de dissonances sociales et politiques, par tant de violences, et menacées, de plus en plus, de l'intérieur, par des vagues de populismes agressifs, alors qu'à l'extérieur on voit se multiplier, dangereusement, les guerres et les totalitarismes hostiles à la démocratie (qui chez nous aussi est aussi menacée par une évolution menaçante vers *l'Etat autoritaire* !) à la croisée des chemins : Ou bien on s'orientera réellement vers cette solution *écosocialiste* ou bien ce sera la chute – inévitable – dans la BARBARIE ! Rappelons seulement à ce sujet qu'André Gorz a toujours souligné, dans tous ses derniers écrits, que le combat pour un renouveau écologique, démocratique et social de notre « société d'opulence » en crise, n'est pas un combat en soi, mais seulement une étape importante sur le chemin de la réalisation du but utopique concret d'une alternative à la fois écologique et sociale à la société existante dont la crise écologique coïncide, comme on le voit maintenant, avec une crise économique, sociale et politique sans précédent, qui, toujours selon André Gorz, ne peut pas être résolu dans l'immanence du système, mais seulement par une *r*upture révolutionnaire, c'est-à-dire par la prise de conscience généralisée que seulement l'instauration d'un nouveau mode de production *écologique,* dans le cadre général d'une reconstruction économique et sociale de la société existante, puisse assurer la transformation de notre société de consommation extrêmement inégalitaire, fondée sur l'accumulation du profit, sur la loi de la concurrence, sur la croissance et le productivisme, en une *société* égalitaire et solidaire, satisfaisant les vrais besoins des hommes et des femmes, à savoir une société composée d'individus pouvant réellement déployer leurs potentiels de créativité – étouffés, autoritairement, pas un système de la hiérarchie, du dressage par l'éducation et de l'adaptation autoritaire des individus, dès leur jeune âge, aux principes de réalité de la société capitaliste -, dans le cadre d'une nouvelle société autogérée par les producteurs.

Il s'agit là, comme nous l'avons déjà souligné dans notre ouvrage *Utopie, Ecologie, Ecosocialisme (De l'utopie concrète d'Ernst Bloch à l'écologie socialiste)*, de l'instauration, à l'avenir, à une vaste échelle, d'ateliers communaux de production autogérés par les travailleurs associés, d'une véritable sphère de la mise-en-commun communautaire échappant aux lois de la marchandisation, et de la coopération auto-organisée des producteurs, se concrétisant dans des activités autodéterminées de plus en plus étendues.»[249]

---

[249] Arno Münster, *Utopie, Ecologie, Ecosocialisme (De l'utopie concrète d'Ernst Bloch à l'écologie socialiste)*, L'Harmattan, coll. « Questions contemporaines », Paris, 2013, p. 130 ; Cf. du même auteur, *Pour un socialisme vert*, Lignes, 2012.

Bibliographie

Gorz *Le Traître* (roman) (Préface : Jean-Paul Sartre), Paris, Le Seuil, 1958 ; réédité, complété par « Le vieillissement », Gallimard, « Folio Essais », Paris, 2005.
La morale de l'Histoire, Le Seuil, Paris, *1959*.
Stratégie ouvrière et néocapitalisme, Paris, Le Seuil, 1964.
Le socialisme difficile, Paris, Le Seuil, 1967.
Réforme et révolution, Le Seuil, Paris, 1969.
(Sous le pseudonyme de Michel Bosquet), *Critique du capitalisme quotidien*, Galilée, Paris, 1973.
Critique de la division du travail, Le Seuil, Paris, 1973.(Sous la direction d'André Gorz),
André Gorz/Michel Bosquet, *Ecologie et politique, Galilée, Paris, 1975 ;* réédité, augmentée du texte « Ecologie et Liberté », *Le Seuil, Paris, 1978.*
Fondements pour une morale, Galilée, Paris, 1977.
Adieux au prolétariat – Au-delà du socialisme.Essai, Galilée, Paris, 1980.
Les Chemins du paradis, Galilée, Paris, 1983.
Métamorphoses du travail, quête du sens. Critique de la raison économique, Galilée, Paris, 1988, rééd. Gallimard « Folio Essais », Paris, 2004.
Capitalisme, socialisme, écologie, Galilée, Paris, 1991.
Misères du présent, richesse du possible, Galilée, Paris 1997.
L'Immatériel, Galilée, Paris, 2003.
Lettre à D. Histoire d'un amour, Galilée, Paris, 2006, rééd. Gallimard, « Folio Essais », Paris, 2008.
Ecologica, Galilée, Paris, 2008.

OUVRAGES ET ETUDES SUR ANDRE GORZ

Michel Contat, *André Gorz. Vers la société libérée.*

Commentaire, Un livre audio : 1 CD, Editions Textuel/Institut National de l'audiovisuel, Paris, 2009.

Michel Contat, « Illustres inconnus et inconnus illustres: André Gorz »,in : « Le Débat » n° 50 , Gallimard, Paris, 2005.

Christophe Fourel (sous la direction de), *André Gorz, un penseur pour le XXIe siècle*, La Découverte, Paris 2009.

Willy Gianinazzi, *André Gorz. Une biographie*, La Découverte, Paris, 2016.

Françoise Gollain, *Une critique du travail. Entre écologie et socialisme,* La Découverte, Paris, 2000.

Arno Münster, *André Gorz ou le socialisme difficile,* Nouvelles Editions Lignes, Fécamp, 2008, trad. en allemand, *André Gorz oder der schwierige Sozialismus. Eine Einführung in Leben und Werk* , Rotpunkt-Verlag Zurich, 2011; trad. en espagnol, *André Gorz o el difficil socialismo,*Ediciones *Nueva Vision*, Buenos Aires, 2009.

« *Repenser le travail avec André Gorz* » (avec les contributions d'Alain Lipietz, Jean Zin et alii),in : ECOREV (revue critique d'écologie politique)n° 28, Paris, novembre 2008.

« *André Gorz et nous* ».*Dossier coordonné par Marc Robert*, avec l'entretien Marc Robert-André Gorz « L'écologie – une éthique de la libération », avec le texte de Gorz « La personne devient une entreprise » ainsi que les contributions de Véronique Dubarry et de Stephane Lavignotte (« Vivre ensemble »), de Jean Zin (« André Gorz, une écologie politique ») et d'Alain Lipietz (« Gorz ou la quête du sens ») in : ECOREV n° 30, Paris, septembre 2008.

« *Penser l'après-capitalisme avec André Gorz* (avec les contributions de G. Azam, Y. Cochet, Jérôme Gleizes, F. Gollain, Y. Moulier-Boutang, Arno Münster, Marc Robert, Emmanuel Dessendier, Anita Rozenholc, Jean Zin et alii) , ECOREV n° 33, Paris, Novembre 2009.

« *Réseaux et société de l'intelligence. Le numérique sème-t-il la révolution ?* », ECOREV n° 37, avec les contributions de Martine Billard, Emmanuel Dessendier, *Europe Ecologie Les Verts*, Jérôme Gleizes, André Gorz, Arno Münster, Pierre Musso, Anita Rozenholc, Jean Zin et alii, Paris, août 2011.

« *André Gorz, une pensée vivante* », ECOREV n° 45, avec les contributions de Serge Audier, de Willy Gianinazzi, de Françoise Gollain, d'André Gorz, d'Elise Lowy, de Michael Löwy, de Jean Zin, de Stefan Meretz, d'Alice Sternberg, d'Emmanuel Dessendier et d'Anita Rozenholc, Paris, août 2017.

Notice sur l'auteur

ARNO MUNSTER, né le 10/08/1942, en Allemagne, domicilié à Nice, depuis 2012, est maître de conférences honoraire de philosophie à l'Université de Picardie Jules Verne d'Amiens, docteur d'Etat de l'université d'Hanovre et ancien Directeur de programme au Collège International de Philosophie (Paris). Comme médiateur entre la pensée allemande et française contemporaine, il est l'auteur de très nombreux ouvrages. Il a enseigné aux universités de Paris VII (Jussieu), Paris VIII-Saint-Denis et au Collège International de Philosophie (Paris). Il a été aussi professeur invité de philosophie à l'Université Fédérale de Rio de Janeiro et à l'Università degli Studi Roma Tre (III), à Rome. Ses ouvrages ont été traduits en plusieurs langues : en allemand, en italien, en espagnol, en danois et en portugais (du Brésil).Comme spécialiste de la philosophie allemande moderne et contemporaine et de la *philosophie sociale,* il a consacré cinq livres et essais philosophiques aux représentants de *l'Ecole deFrancfort : Adorno, Horkheimer, Marcuse, Habermas.* Il est aussi l'auteur d'une biographie du philosophe Ernst Bloch (Kimé, Paris, 2001) (trad. en plusieurs langues). Il a publié quinze livres chez L'HARMATTAN dont : *Emancipation (De Marx à Marcuse. Historique et actualité d'un concept),* coll. « Questions contemporaines », Paris, 2020 ; *Habermas, l'européen cosmopolite et historien de la pensée post-métaphyique,* coll. « Ouverture philoso-phique : Bibliothèque », Paris, 2021 ; et Herbert Marcuse et le « grand refus », coll. « Ouverture philosophique », Paris, 2022.

Du même auteur

Figures de l'utopie dans la pensée d'Ernst Bloch, Aubier, Paris, 1985.
Ernst Bloch : Messianisme et utopie (Introduction à une « phénoménologie » de la conscience Anticipante »), PUF, Paris, 1989.
Nietzsche et le nazisme, Kimé, Paris, 1995.
Progrès et catastrophe. Walter Benjamin et l'histoire. (Réflexions sur l'itinéraire philosophique d'un marxisme « mélancolique »), Kimé, Paris,1996.
Le principe dialogique.(De la pensée monologique auto-réflexive vers la proflexion inter-subjective,) Kimé, Paris, 1997.
Le principe « discussion ». Habermas ou le tournant langagier et communicationnel de la Théorie critique, Kimé, Paris, 1998.
Nietzsche et Stirner, suivi de : Nietzsche est-il « immoraliste »?, Kimé, Paris, 1999.
L'utopie concrète d'Ernst Bloch. Une biographie, Kimé, Paris, 2001 (trad. en allemand et en italien).
Heidegger, la science allemande et le national-socialisme, Kimé, 2002, Paris.
Sartre et la praxis (Ontologie de la liberté et praxis dans la pensée de Jean-Paul Sartre), L'Harmattan, Paris, 2005.
Sartre et la morale, L'Harmattan, Paris, 2007.
Sartre, le philosophe, l'intellectuel et la politique (avec J. William Wallet), Actes du Colloque d'Amiens (2005), L'Harmattan, Paris, 2005.
Hannah Arendt contre Marx ? (Réflexions sur une anthropologie philosophique du « politique »), Hermann, Paris, 2008.
Adorno, Une introduction (Il n'y a pas de vraie vie dans la vie fausse), Hermann, Paris, 2009.
Réflexions sur la crise, L'Harmattan, Paris, 2009.
André Gorz ou le Socialisme difficile, Lignes, Paris, 2008 (trad. en allemand, Zurich, 2011, et en espagnol, Buenos Aires, 2012).
Pour un socialisme vert. Vers la société écologique par la justice sociale. (Contribution à la critique de l'écologie politique), Lignes, 2012.
Utopie, écologie, écosocialisme. (De l'utopie concrète d'Ernst Bloch à l'écologie socialiste), L'Harmattan, coll. Questions contemporaines, Paris, 2013.
Albert Camus : La révolte contre la Révolution ?, L'Harmattan, coll. Ouverture philosophique, Paris, 2014.
Espérance, rêve, utopie dans la pensée d'Ernst Bloch (Six conférences), L'Harmattan, coll. « Ouverture philosophique », Paris, 2015.
Jean Jaurès : un combat pour la Laïcité, la République, la justice sociale et la paix, L'Harmattan, coll. Questions contemporaines, Paris, 2015.
La réprobation de l'Allemagne ou les vraies raisons du nouveau ressentiment anti-allemand. Quel avenir pour l'Europe ?, L'Harmattan, coll. Questionner l'Europe, Paris, 2016, trad. en allemand,Koenigshausen & Neumann, Wurzbourg, 2017.
Le changement climatique va-t-il tout changer ? Quelle utopie concrète pour demain ?, L'Harmattan, coll. Questions contemporaines, Paris, 2017.
André Tosel, penseur de l'Emancipation (un hommage), Lignes, Fécamp, 2018.

Ernst Bloch et les XI thèses de Marx sur Feuerbach, Ed. Delga, Paris, 2018.
Socialisme et religion au XXème siècle. (Judaïsme, christianisme et athéisme dans la philosophie de la religion d'Ernst Bloch), l'Harmattan, « Ouverture philoso-phique »,2018.
(En collaboration avec Fabio Mascaro Querido) : Le marxisme « ouvert » et écologique de Michael Löwy. (Hommage à un intellectuel «nomade »), L'Harmattan, « Ouverture philosophique »,2019.
Osons l'utopie pour construire un monde meilleur. (Esquisse d'une autobiographie politique),L'Harmattan, coll. « Questions contemporaines », Paris, 2019.
Emancipation (de Marx à Marcuse) (Historique et actualité d'un concept), L'Harmattan,coll. « Questions contemporaines », Paris, 2020.
Habermas, l'Européen cosmopolite et historien de la pensée post-métaphysique, coll. « Ouverture philosophique. Bibliothèque », Paris, 2021.
Max Horkheimer entre Marx, Freud et Schopenhauer.Essai sur la philosophie sociale du fondateur de l'Ecole de Francfort, Editions Le Retrait, Orange, 2021.
[Traduction] Ernst Bloch, Baruch de Spinoza.Quatre conférences, Ed. Delga, Paris, 2021.

=

Table des matières

Avant-propos 7

I. Eco-socialisme ou barbarie : l'utopie gorzienne d 'une autre société, coopérative et conviviale 19

II. Vers la sociéte libérée : l'influence d'Ivan Illich (1926 – 2002) 43

III. André Gorz constructeur d'une nouvelle utopie éco-socialiste ? 103

IV. De Gorz à Habermas : de l'agir communicationnel à l'action politique émancipatrice (internet, facebook, twitter une nouvelle force productrice ?) 115

Conclusion 129

Bibliographie 135

Structures éditoriales du groupe L'Harmattan

L'Harmattan Italie
Via degli Artisti, 15
10124 Torino
harmattan.italia@gmail.com

L'Harmattan Hongrie
Kossuth l. u. 14-16.
1053 Budapest
harmattan@harmattan.hu

L'Harmattan Sénégal
10 VDN en face Mermoz
BP 45034 Dakar-Fann
senharmattan@gmail.com

L'Harmattan Cameroun
TSINGA/FECAFOOT
BP 11486 Yaoundé
inkoukam@gmail.com

L'Harmattan Burkina Faso
Achille Somé – tengnule@hotmail.fr

L'Harmattan Guinée
Almamya, rue KA 028 OKB Agency
BP 3470 Conakry
harmattanguinee@yahoo.fr

L'Harmattan RDC
185, avenue Nyangwe
Commune de Lingwala – Kinshasa
matangilamusadila@yahoo.fr

L'Harmattan Congo
219, avenue Nelson Mandela
BP 2874 Brazzaville
harmattan.congo@yahoo.fr

L'Harmattan Mali
ACI 2000 - Immeuble Mgr Jean Marie Cisse
Bureau 10
BP 145 Bamako-Mali
mali@harmattan.fr

L'Harmattan Togo
Djidjole – Lomé
Maison Amela
face EPP BATOME
ddamela@aol.com

L'Harmattan Côte d'Ivoire
Résidence Karl – Cité des Arts
Abidjan-Cocody
03 BP 1588 Abidjan
espace_harmattan.ci@hotmail.fr

Nos librairies en France

Librairie internationale
16, rue des Écoles
75005 Paris
librairie.internationale@harmattan.fr
01 40 46 79 11
www.librairieharmattan.com

Librairie des savoirs
21, rue des Écoles
75005 Paris
librairie.sh@harmattan.fr
01 46 34 13 71
www.librairieharmattansh.com

Librairie Le Lucernaire
53, rue Notre-Dame-des-Champs
75006 Paris
librairie@lucernaire.fr
01 42 22 67 13